U0049831

波普

Karl Raimund Popper

鈕則誠◎著

出版緣起

　　二十世紀尤其是戰後，是西方思想界豐富多變的時期，標誌人類文明的進化發展，其對於我們應該具有相當程度的啓蒙作用；抓住當代西方思想的演變脈絡以及核心內容，應該是昂揚我們當代意識的重要工作。孟樊教授和浙江大學楊大春教授基於這樣的一種體認，決定企劃一套「當代大師系列」。

　　從一九八○年代以來，台灣知識界相當努力地引介「近代」和「現代」的思想家，對於知識份子和一般民眾起了相當程度的啓蒙作用。

　　這套「當代大師系列」的企劃以及落實出版，承繼了先前知識界的努力基礎，希望能藉這一系列的入門性介紹書，再掀起知識啓蒙的熱

潮。

孟樊與楊大春兩位教授在一股知識熱忱的驅動下，花了不少時間，熱忱謹慎地挑選當代思想家，排列了出版的先後順序，並且很快獲得生智文化公司葉忠賢先生的支持，因而能夠順利出版此系列叢書。

本系列叢書的作者網羅有兩岸學者專家以及海內外華人，爲華人學界的合作樹立了典範。

此一系列書的企劃編輯原則如下：

1. 每書字數大約在七、八萬字左右，對每位思想家的思想進行有系統、分章節的評介。字數的限定主要是因爲這套書是介紹性質的書，而且爲了讓讀者能方便攜帶閱讀，提升我們社會的閱讀氣氛水準。

2. 這套書名爲「當代大師系列」，其中所謂「大師」是指開創一代學派或具有承先啓後歷史意涵的思想家，以及思想理論與創作具有相當獨特性且自成一格者。對於這些思想家的理論思想介紹，除了要符合其內

在邏輯機制之外，更要透過我們的文字語言，化解語言和思考模式的隔閡，爲我們的意識結構注入新的因素。

3.這套書之所以限定在「當代」重要的思想家，主要是從一九八〇年代以來，台灣知識界已對近現代的思想家，如韋伯、尼采和馬克思等先後都有專書討論。而在限定「當代」範疇的同時，我們基本上是先挑台灣未做過的或做得不是很完整的思想家，做爲我們優先撰稿出版的對象。

另外，本系列書的企劃編輯群，除了上述的孟樊教授、楊大春教授外，尚包括筆者本人、陳學明教授、龍協濤教授以及曹順慶教授。其中孟樊教授爲台灣大學法學博士，向來對文化學術有相當熱忱的關懷，並且具有非常豐富的文化出版經驗以及學術功力，著有《後現代的政治認同》（揚智文化公司出版）、《當代台灣新詩理論》（揚智文化公司出版）、《大法官會議研究》等著作，現任教於國立台北教育大學台灣文學所；楊

大春教授是浙江杭州大學哲學博士，目前任教於浙江大學哲學系，專長西方當代哲學，著有《解構理論》（揚智文化公司出版）、《德希達》（生智文化公司出版）、《後結構主義》（揚智文化公司出版）等書；筆者本人目前任教於政治大學東亞所，著有《馬克思社會衝突論》、《晚期馬克思主義》（揚智文化公司出版）、《中國大陸學》（揚智文化公司出版）、《中共研究方法論》（揚智文化公司出版）等書；陳學明先生是復旦大學哲學系教授、中國國外馬克思主義研究會副會長，著有《現代資本主義的命運》、《哈伯瑪斯「晚期資本主義論」述評》、《性革命》（揚智文化公司出版）、《新左派》（揚智文化公司出版）等書；龍協濤教授現任北京大學學報編審，並任北大中文系教授，專長比較文學及接受美學理論，著有《讀者反應理論》（揚智文化公司出版）等書；曹順慶教授現爲四川大學文學與新聞學院院長，專長爲比較文學及中西文論，曾爲美國哈佛大學訪問學人、南華大學及佛光人文社會學院文學所客座教授，著有《中西比較詩學》等書。

　　這套書的問世最重要的還是因爲獲得生智文
化公司總經理葉忠賢先生的支持，我們非常感謝
他對思想啓蒙工作所作出的貢獻。還望社會各界
惠予批評指正。

李英明

序於台北

序

　　我學哲學的最初目的，並不是嚮往追求真理，而是為了安頓人生——我自己的人生。高度的「自覺」使我一度頗為焦慮、苦惱，亟思尋找出困之路，於是我嘗試涉足探索生命奧義的哲學、心理學及生物學'。還記得看見過這樣一段話：「二十五歲以前人人都可能是哲學家，二十五歲以後還陷溺在哲學思考中，這個人便無可救藥了。」我今年五十二歲，竟然還浮沉於哲學瀚海中，果真不可救藥。尤有甚者，我感興趣的都是些極為個人化的哲學思想，像我始終最心儀的兩位中西哲學家，便是莊子和叔本華。他們的特立獨行，永遠是我心之所嚮。慚愧的是，我至今只能以一個「哲學從業員」的中產階級社會腳色

　　苟且營生，卻對身邊週遭不斷發生的自我了斷或
政治緊張感到無能爲力。還好有波普這樣擇善固
執的哲學思想拉了我一把。

　　有人形容哲學家最大的本領，是把簡單的道
理說得極爲複雜，讓別人都聽不懂，卻因此自以
爲是、洋洋得意。我資質魯鈍，對這類哲學一向
不敢恭維，更敬而遠之。而波普哲學則以文字簡
潔、思想明晰見長，加以上天下地、無所不談，
非常符合我的「雜家」胃口。老實說，莊子和叔
本華兩位「生活家」的思想，只適合做爲我的人
生信念之標竿；倒是波普堅持立身行道，可視爲
「知識分子」的典型而效法。我自認受到年輕時
蔚爲流行的存在主義影響而投考哲學系，在哲學
系念了十年，從學士一路讀到碩士、博士，後面
六年正是伴隨著波普思想而成長的。本書《波普》
即爲我的博士學位論文《宇宙與人生──巴柏的
存在哲學》核心部分，我希望通過勾勒出波普探
討「存在」的哲學，藉以找到自己人生存在意義
的哲學。

　　論文完成至今歷經十七年，連波普都已作古

多時，幸逢生智文化公司「當代大師系列」叢書
尚缺波普一冊，我乃不揣淺陋，將塵封多年的論
文修訂付梓，算是對大師致上最後敬禮。感謝中
央大學哲學研究所碩士專班的田宗揮同學，幫我
把舊稿掃描至電腦中，以便進行文書處理。同時
也要謝謝系列叢書的編輯委員孟樊教授提供專業
意見，讓本書得以用較爲平易近人的面貌問世。

鈕則誠

2005年3月29日

目　錄

第一章
緒 論

　　《波普》一書係對當代英籍奧地利哲學家卡
爾‧萊蒙‧波普（Karl Raimund Popper）思想的
概要性介紹。波普為猶太裔，一九○二年七月二
十八日出生於奧地利維也納，一九九四年九月十
七日在出生地去世，享年九十二歲。他的家世背
景相當好，父親是律師，母親為音樂家。波普於
一九一八年十六歲時，到維也納大學當旁聽生，
起初興趣非常廣泛，舉凡科學與人文無不涉獵，
後來則集中心力於數學及物理學的學習。一九二
二年他通過考試成為正式生，一九二五年開始接
受教師教育，又致力於心理學的學習，先後取得
小學和中學教師資格。一九二八年以論文《思維
心理學的方法問題》得到博士學位，並於次年起
擔任中學教師，講授數學及物理學。教學之餘，
波普投入哲學研究，三年間撰成千頁以上鉅著
《知識學的兩大基本問題》。該書的摘要濃縮版
《科學發現的邏輯》於一九三四年出版，一九五
九年由作者自己完成英譯本，但原始鉅著卻遲至
一九七九年始以德文版問世。

　　所謂「知識學的兩大基本問題」即是「歸納」

（induction）問題與「劃界」（demarcation）問題。一般多認為理則學包括演繹法（deduction）與歸納法，波普卻終其一生否定歸納法的意義及價值。至於「劃界」則指以演繹法加上經驗方法（empirical method），做為區分「科學知識」與「非科學知識」的標準。就像德國哲學家叔本華（Arthur Schopenhauer, 1788-1860）一樣，波普在三十歲左右便完成了一生中最具代表性的論著，其後的作品皆屬此一論著的引申及擴充。一九三七年奧地利與德國合併前夕，波普為躲避納粹政權的排猶迫害，偕妻子遠赴紐西蘭坎特伯里大學任教。直到二次世界大戰結束後，方於一九四六年轉往英國倫敦大學擔任哲學教授，歷時二十三年，至一九六九年退休，但到晚年仍著述不輟。在避居紐西蘭之際，他得悉祖國為納粹德國併吞，便埋首撰寫《歷史決定論的貧困》與《開放社會及其敵人》二書，以一支利筆極力批判集權主義，其思想武器正得自「知識學的兩大基本問題」之解決方案。

　　波普退休後即著手書寫自傳《無盡的探究

——知性自傳》，對其學術生涯作出明晰的闡
述。在此前後，他也將一些重要論文分別結集為
《臆測與駁斥——科學知識的成長》與《客觀知
識——演化的進路》二書。而英文版《科學發現
的邏輯》的長篇後記，也在一九八〇年代分三冊
出版，名為《實在論與科學目的》、《開放宇宙
——非決定論論證》、《量子理論與物理學分
化》。此外波普尚與諾貝爾醫學獎得主愛克斯
（John Carew Eccles, 1903-1997）合著有《自我及
其頭腦——互動論論證》一書，晚年更陸續將其
他論文及演講稿結集成七冊刊行。這些探討自然
科學的哲學議題之著作，與他早期有關知識學和
社會科學的哲學議題作品，構成他完整的基本哲
學體系，本書第一篇屬於這方面的概述，即是從
基本哲學的觀點，去考察波普的思想。至於第二
篇則將深具波普思想特質的「存在」哲學論述，
加以系統地鋪陳。

　　波普生前是以「科學哲學家」聞名於世，學
術界多將他歸為此一領域的劃時代人物，尤其是
把他當做「後實證主義」（post-positivism）的代

表。不過放大來看，西方哲學中的「科學哲學」
（philosophy of science），乃是跨學科的「科學研
究」（science studies）之一環。「科學研究」又
稱爲「科學學」，要想對波普哲學作出適當描
述，需要對「科學研究」及「科學哲學」先有所
瞭解，以下就展開對本書背景知識的介紹。

一、科學研究

1.從多學科到科際學科

　　「科學研究」或「科學學」可擴充爲「科學
與技術學」（science and technology studies;
STS），有時亦稱「後設科學」（metascience），大
陸則譯爲「元科學」。這是一種站在科學後面看
問題，或討論有關科學事務的學問（Radnitzky,
1973）。「科學研究」最初只表現爲幾門在不同
學科中次學科的鬆散組合，這種多學科組合的目

的,是針對科學的操作及結果,作出較有系統的考察(Shadish, Houts, Gholson, & Neimeyer, 1989)。「科學學」主要包括「科學史」(history of science)、「科學哲學」、「科學社會學」(sociology of science)三門次學科。這些學術在其歸屬的主學科裏,原本只是一些邊緣性分支,多半未受重視(Lynch, 1993), 但由於「科學學」的興起與建構,遂由多學科組合走向科際學科的形成。

科學學的形成跨越了一個半世紀以上,其主要次學科最早出現的是一門叫「科學歷史與哲學」(History and Philosophy of Science)的學科。這是由英國史學暨哲學家衛惠爾(William Whewell, 1794-1866)在 1840 年所創立,當時具有指引科學發展的規範目的(Fuller, 1993)。但是史學與哲學畢竟是不同的專門學問。一個多世紀後,美國科學史學家孔恩(Thomas Samuel Kuhn, 1922-1996)肯定二者必須分立,但要經常對話(Kuhn, 1977)。而美國科學哲學家羅西(John Losee)則提示了二者從「規範學科」轉型為「描

述學科」的可能（Losee, 1987a）。科學學的第三
個分支，是美國社會學家默頓（Robert King
Merton, 1910-2003）在一九四○年代末所開展出
來的科學社會學。當時所側重探討的，乃是科學
共同體的精神（ethos）聯繫，至七○年代始逐漸
轉向經驗性研究（Webster, 1991）。

2.從規範學科到描述學科

　　科學學是後設於科學的學問。但一般稱它
「科學學」的理由，是避免誤認「後設科學」為
一種從事較高層概化工作的自然科學（Nickles,
1989）。由於包含了社會科學側重實徵性、經驗
性的研究，科學學一方面具有描述學科的特質。
但另一方面它又長期受到科學哲學主導，同時也
屬於規範學科。描述只涉及對現象的說明，規範
則介入對實踐的指引。大部分十九世紀的科學理
論工作者，在今日看來都會被歸為「哲學家」。
衛惠爾既創造了「科學家」一辭，又開啟了「科
學歷史與哲學」此一新學科，其目的即在規範和

改善科學活動與成果。他和當時倡議歸納邏輯與
科學方法的英國哲學家穆勒（John Stuart Mill,
1806-1873），可說是首次促成科學史和科學哲學
相輔相成的人物（Losee, 1987a）。

　　由於科學本身的專門分工，使得哲學和科學
必然要分道揚鑣，科學哲學也就對科學無從規
範，只好把注意力轉移到哲學身上。二十世紀的
科學哲學一方面著眼於科學成果的邏輯重構，一
方面也把這種信念反映在科學史的考察上。像所
謂「科學內在史」（internal history of science），就
認為科學發展有一些超越時空的內在理路可循，
其乃是作用於自然活動的理性原則系統。科學哲
學家由是相信鑑往可以知來，這點在本性上仍不
脫規範的心態（Fuller, 1993）。問題是科學史及科
學哲學都是對「科學」這個一階對象事物的二階
詮釋，沒有科學實踐也就沒有科學史與科學哲學
可言（Losee, 1987a）。想從事不同階層間的規
範，可能會出現一頭熱，而退一步或能海闊天
空。

　　不同於科學史及科學哲學的長遠發展，科學

學第三個分支科學社會學的出現則是相當晚近的事。莫頓在一九四九年提出了對科學制度運作的解釋，他認為科學家是秉持一股由各種規範性準繩（norms）凝聚而成的精神而行動，亦即受到遊戲規則的導引而工作（Webster, 1991）。這套功能主義（functionalism）的解釋在其後的社會學家看來，難免顯得經驗性不足，但總算觸及科學做為一種外在社會制度的論題。早先社會學家還相信科學家不食人間煙火，但到了一九七〇年代，社會學家走進科學家的工作場域，從事較廣泛、較詳盡的細節考察，才發現科學活動其實與社會脈動息息相關。同時在「基進科學運動」（radical science movement）的經驗性批判下，西方科學與技術長期為資本主義服務的情形也被揭露（Webster, 1991）。

　　科學社會學與科學史及科學哲學，匯流於科學學或科學與技術學的探究中，多少應歸功於孔恩。他在一九六二年出版《科學革命的結構》一書，為科學學的具體成形樹立起里程碑（Brante, Fuller, & Lynch, 1993）。由於注意到科學活動及其

成果的歷史與社會背景，科學學做為描述學科的
腳色日益凸顯，連往日強調規範的科學哲學也開
始走上描述的途徑了（Losee, 1987a）。但就在同
時，科學學內部卻傳出不同聲音，呼籲規範的重
要，那便是美國科學哲學家富勒（Steve Fuller）
所創立的「社會知識學」（social epistemology）。
社會知識學注重科學與技術知識活動的政策形成
面，可視為科學學對科學的「科學化管理」
（Fuller, 1992）。由科學學來指導科技知識政策的
形成，無疑是「知其不可而為之」（Sisyphean
view），卻仍不失為一可追求的「美麗新世界」
（brave new world）（Fuller, 1992）。然而當前的科
技政策多操於政治人物和管理階層之手，令其與
科學學者虛心對話實非易事 （Schmaus, 1991）。

3 .主要次學科

　　科學學的主要次學科包括科學史、科學哲
學、科學社會學三科。科學史有內在史與外在史
之分；前者深入科學知識內部去找尋關聯性，後

者則考察社會文化對科學發展的影響（Kuhn,
1977）。此一區分多少反映了以基督信仰為主的
西方文化中，「自由意志」與「決定論」，或
「自律」與「他律」的問題，當然也就因此提供
了科學哲學家不同的思考方向（Fuller, 1989）。羅
西把這種不同的哲學觀點稱為「邏輯主義」
（logicism）與「歷史主義」（historicism）（Losee,
1987a）。

　　科學哲學有「英美傳統」與「歐陸傳統」之
分（Rouse, 1987）；前者有意通過邏輯經驗主義
將所有科學加以統一，後者則希望經由詮釋學
（hermeneutics）和辯證法（dialectics）以瞭解科
學（Radnitzky, 1973）。由於哲學習於規範，富勒
遂引進社會科學的經驗要求加以融匯，進而創立
社會知識學，把科學哲學的關注焦點，導向知識
政策的「修辭」（rhetoric）（Fuller, 1993）。這點
類似探究科學與技術的「敘事」（narrative）
（Ormiston & Sassower, 1989）。

　　古典社會學一開始就認為科學是自外於社會
的獨立客觀知識形式，即使到莫頓研究科學制度

時,亦作如是觀。情況直到近半世紀才有改變,科學觀念終於成爲社會分析的主題之一(Webster, 1991)。不同於科學哲學對科學觀念的抽象推理,科學社會學希望實事求是地考察科學家的信念與實踐,探究其做爲一種次文化而與廣大文化間的關係(Barnes & Edge, 1982)。

二、科學哲學

科學做爲人類智識活動的整體結果,其成長往往取決於一些學術傳統或學派。因此當科學哲學在考察科學知識成長的問題時,勢必要對這些學派進行評論。由於自然科學在過去三百年間所展現的豐富面貌,許多人乃將之視爲科學的典型,從而忽略了社會科學的殊異性。根據美國科學史學家科亨(I. Bernard Cohen, 1914-2003)的研究,自然科學與社會科學的分立大約起自十八世紀後期(Cohen, 1994)。至今仍有歐陸哲學家

如德國的哈伯瑪斯（Jürgen Habermas），堅持這種二元傳統（Habermas, 1988）。而此二元傳統，已被歸結爲科學哲學兩大學派：「英美學派」與「歐陸學派」（Radnitzky, 1973）。

1.英美學派科學哲學

　　簡單地說，當代英美學派的科學哲學論述，可以拿長期以來蔚爲顯學的「公認觀點」（the Received View）爲代表（Suppe, 1979）。公認觀點反映了正統立場，是爲主流觀點。但是正統立場卻不斷受到另類立場的攻擊，顯示了非主流觀點的存在（Losee, 1987b）。必須強調的是，主流觀點與非主流觀點，同樣置身於英美學派的陣營中。正反兩造有時會被分別歸類爲邏輯主義和歷史主義，以示二者對科學哲學中邏輯因素或脈絡因素的側重（Oldroyd, 1986）。相形之下，歐陸學派才是英美學派眞正的對立者。兩派常以不同的辭彙陳述問題，關心的焦點亦大異其趣。甚至出現彼此長期不聞不問的局面，儼然形成兩套截然

不同的科學觀和世界觀。

(1) 主流觀點：邏輯主義

　　主流觀點看重邏輯是其特色。此一觀點在發展初期，即主張科學理論可以被數理邏輯（mathematical logic）公理化。經由公理化的語詞分為三種：邏輯和數學語詞、理論語詞、觀察語詞。公理化的理論以科學定律表示之，理論語詞只是現象描述的簡化。一旦無法進行現象描述，便是意義缺乏確證而沒有認知意義的空話（Suppe, 1979）。這種科學哲學觀點，反映了西方近代思想中兩大精神：對於邏輯的看重，表現出理性主義精神；強調現象的觀察，則符合經驗主義要求。

(2) 非主流觀點：歷史主義

　　歷史主義是由反對邏輯主義而生的新興觀點。邏輯主義盛行於一九二〇至五〇年代，六〇年代開始，歷史主義便對其展開一波波的挑戰。由於邏輯主義認為，科學理論可以無視於外在環境變化，而通過公理化自主地發展。這在歷史主義看來，明顯地違反了歷史與社會現實（Cohen,

1979）。通過科學史的考察發現，科學的成長與
發展往往是非理性的（Feyerabend, 1993）。也因
此歷史主義並不太重視方法的討論，因為在歷史
的洪流中，有時甚至連邏輯論證都有礙進步。非
主流觀點在英美學派科學哲學中的貢獻，是帶動
科學史和科學社會學的研究風氣。此種對科學活
動外在的歷史與社會條件之探索，無疑相當扣緊
經驗。這也使得科學哲學的性質從規範的轉向描
述的（Losee, 1987b）。

2.歐陸學派科學哲學

　　當英美學派兩種主張在對科學本質爭論不休
時，他們心目中的科學形象其實只有自然科學。
自然科學尤其是物理學，自十七世紀「科學革命」
以後大放異彩，同行之間逐漸建立共識，常被視
為成熟的科學。相對的，社會科學則似乎還在追
問本身究竟是否稱得上是科學（Kuhn, 1970）。然
而歐陸學派卻不作此想，其科學觀可上溯至古希
臘，當時認為一切「真知」（epistémé）都是科學

知識（Peters, 1967），這包括自然世界的知識和
人間社會的知識。歐陸學派主張，自然科學可以
透過對外在世界因果的「關係陳述」建構起來，
社會科學則必須通過對社會文化背景的「意義瞭
解」逐步參透，二者無分軒輊（Smith, 1985）。

（1）現象學─詮釋學觀點

現象學（phenomenology）和詮釋學是當代
西方兩種重要的思潮，二者根源不同，但彼此通
透，前者甚至可為後者的基礎（Ricoeur, 1992），
因此可將之視為一體的觀點。其中現象學主張社
會科學研究應該超越經驗，對事物的本質
（essence）進行直觀（intuition），同時還要摒棄
成見，以從事意向的（intentional）反省。詮釋學
則進一步強調，社會科學研究者對其研究對象，
多少已有一些預先瞭解（preunderstanding），研
究活動即是通過本身的深入瞭解分析，洞察對象
所蘊涵的意義。把這種對社會科學的科學哲學考
察用在自然科學方面，相信可以對其基本假設、
研究方法、意義價值等課題有所啟發。

（2）辯證法—批判理論觀點

　　歐陸學派的中心在德國，德文 "Geisteswissenschaften" 一辭係與「自然科學」相對的概念，通常翻譯為「精神科學」或「人文科學」，其中包含英語世界的「社會科學」及「人文學」等多重意義（Cohen, 1994）。社會科學除了關心個體間的瞭解外，也重視群體中的實踐。注重社會實踐的傳統來自馬克斯（Karl Marx, 1818-1883），而馬克斯的思路主要傳承自黑格爾（Georg Wilhelm Friedrich Hegel, 1770-1831）的辯證法。另一方面，馬克斯主義於一九三〇年代在德國則開出了「批判理論」（critical theory）。「辯證法—批判理論」一系觀點認為，科學是一種社會活動，社會中辯證地存在著各式對立局面和階級衝突。批判理論科學哲學的目的，即在改進社會與解放人類，以互通有無的「溝通理性」來取代宰制人心的「工具理性」（Habermas, 1990）。

3.對話的可能

　　英美學派和歐陸學派的科學哲學，雖然分別源自自然科學與社會科學傳統，但發展至今，二者其實已經為可能的概念上之整合找到了銜接點，那便是具有人文意義的「社會」。英美學派從探究內因的邏輯主義，蛻變為尋找外因的歷史主義，雖未擺脫經驗主義的框架，卻已開始正視科學活動人文社會面向的存在。相對地，歐陸學派則一向不受經驗的羈絆，而用活潑的理性去省思科學的人文社會意涵，甚至將科學哲學全球化（Radnitzky, 1973）。值得一提的是，美國在英國與歐陸思潮的衝擊下，根植於本土的「實用主義」（pragmatism）思想也隨之蛻變為「新實用主義」，形成為獨樹一幟的科學哲學觀點。一旦自然科學傳統不再唯我獨尊，能夠與社會科學傳統對話溝通，進而攜手合作，相信必可為各門科學的研究帶來動力。

三、本書摘要

　　波普的科學哲學思想，屬於上述的「英美學派」中的「邏輯主義」傳統，但由於其堅持反實證主義的立場而獨樹一幟，在科學哲學中具有不容忽視的地位。我便是基於此點，而希望向華人社會的讀者引介波普思想，以破除對實證科學的迷思。本書第一篇係對波普的基本哲學論點進行釐清與重建；所謂「基本哲學」，乃是指西方哲學中七個分支學科中最為核心的三科：形上學（metaphysics）、知識學（epistemology）、倫理學（ethics），其餘分支學科則包括理則學（logic）、美學（esthetics）、宗教哲學（philosophy of religion）、科學哲學。波普的形上學以「常識實在論」為基礎，順著「客觀論」、「傾向論」、「演化論」、「互動論」的逐步開展，建構了一系「思辨物理學」與「形上生物學」的連續統，然

後到達他最感興趣的知識學問題上。在知識學方面，波普藉著「否證論」、「易誤論」、「演化論」和「自律論」，對知識本然層層廓清。當他透過科學知識，把人類安頓在這個具有時空的世間後，便要求我們作出當下的價值判斷。波普的倫理學自「約定論」出發，為規範法則保留了餘地，然後合理地用「個體論」反對集體論，取「自由論」而揚棄社會主義，最後在自由論的基石上，褐櫫「人本論」的大纛。從「常識實在論」到「科學人本論」，波普的基本哲學透顯出他一以貫之「開放的哲學理路」和「批判的治學精神」，第一篇即在強調此點。

　　第二篇係對波普反「本質」重「存在」（existence）的「唯實哲學」論點進行釐清與建構：所謂「唯實哲學」論點，乃是指的他對「真理」、「理性」和「實在」三個哲學問題所抱持的獨特觀點。波普的「真理觀」首先把握住傳統的「符合」理論，從而對「世界」和「邏輯」的真實性加以闡明，最後以「逼真」理論落實人們對真理的追求。波普認為追求真理的唯一道路是

透過理性，他的「理性觀」包含了「經驗」的成分在內，並且深具「批判」精神。他批判傳統哲學中的歸納法，代之以「益證」，但也同時肯定了理性「傳統」的重要。以常識實在論為基礎，波普的「實在觀」逐步擴充為修正後的「本質」理論，他據此對自然與社會提出了一致的「詮釋」，終於形成一以貫之的「宇宙」與「人生」論述。以追求真理來落實人生存在，波普不但從宇宙看人生，更奉獻自己的一生去洞悉宇宙、詮釋人生，第二篇即在凸顯此點。

　　本書寫作採用「文獻分析法」，精神上則試著與波普所提倡的「理性討論法」相呼應。行文時為扣緊波普的理路，盡可能以他的著述、論文，以及訪談錄為依據，在他的作品脈絡內找尋相互匯通之處，以組成一整體架構。因此採隨文附註的形式，在分析和引述的句尾，冠以書名或篇名簡稱及頁數，參考文獻則列於書後，閱讀時請前後參照。

第一篇

哲學的波普

引　言

　　本篇的主要工作，乃是試圖釐清與重建波普的基本哲學觀點；所謂「基本哲學」，係指哲學的三門核心分支學科：形上學、知識學、倫理學。波普認為哲學研究沒有獨特的方法，但可以自由使用任何方法去追求真理（科15）。他的治學途徑是「問題取向」（實8），並且肯定有一些真正的哲學問題足供討論，可是他又發現連哲學問題本身都不能夠普遍被接受，更不用說以討論方式解決，所以他建議研究者回到問題的根源上去考察，以此為起點，重新面對問題（科13）。波普的作法是回到希臘哲學的傳統中再出發，一路直下到當代，所以他的哲學可以呈現為一部批判性的哲學史，而歷史就應該被寫成問題情境史（自151）。既然波普十分重視問題的澄清與表達，我的工作就是努力去呈現波普所關心並試圖

解決的問題。

　　在波普的觀點中，不但沒有獨特的哲學方法，連「科學方法」也不存在，有的只是問題和解惑（實5-6）；但另一方面，他又從生物與文化演化的理念中，強調「嘗試與錯誤」（trial and error）無所不在（論1985b：406）。在嘗試錯誤法中，人與動物以及植物的區別，是人類會有意識地批判自己的嘗試以消除錯誤（客25）。這種積極的作法，用在科學研究上是「臆測與駁斥」（conjectures and refutations）（臆52），用在哲學研究上則是「理性討論法」（科16），二者的精神都是批判的。批判方法的工具是演繹邏輯（論1977a：98）；歸納法並不存在（臆53），辯證法則根本不算邏輯（臆323）。總之，從方法學的角度看，波普只承認演繹法的效力，而在自然與社會科學的研究上，還需要經驗方法，這就是試誤法的全部了（科39：歷57）。

第二章
形上學

　　雖然波普明言知識學構成哲學的眞正核心
（論1986：207），但是我在本篇中卻有意強調他
的形上學，因爲他在看重科學知識之餘，卻始終
不忘指出形上學對科學知識研究方向的導引功用
（科278：自442），甚至稱之爲「形上研究綱領」
（metaphysical research programmes）（量32），以
示它的「前科學」基礎地位。波普的形上學與知
識學及倫理學是相互通透的一體連續統，但其形
上學無疑具有最根本的性質。也許從他一生所發
表作品的順序看，他是以方法學和知識學起家
的，但從他晚年爲自己的知識學所作總結性論文
〈演化知識學〉考察，他的一切理論都深植在形
上學的地基裏（論1985b：395-413）。

　　研究波普的學者曾將波普一生治學分爲兩個
時期：方法學時期和形上學時期，而以一九六〇
年代初期爲其分野，但波普卻視其形上學時期展
開於四〇與五〇年代交接之際，也就是從他對量
子力學和非決定論產生興趣起（答1067）。他並
且爲自己此後的形上學研究，歸結出兩個中心問
題：一、客觀物理與開放宇宙；二、演化文化與

三元世界。不過他同時聲明自始便興趣廣泛，觀點一致，沒有對問題普遍性關注的遷移（答1068）。這就是為什麼我要說他的基本哲學是一體連續統。

波普把「形上的」解釋為「無法經驗地測試」（實194）；形上學說不能被駁斥，卻可以理性討論與批判（科206；量211）。我們所有的科學知識都來自於猜想，這種猜想工作是由理性批判所約束（答1084）。猜想的內容未經測試是為形上研究綱領，通過測試則形成科學理論（實193）。若是始終未通過測試的猜想，就變成一種空想（量176）或純粹思辨的信念了（科38）。由此可見，對波普而言，形上學實介於科學的前後兩端，但前科學的與後科學的形上學之間界限並非那麼清楚，一些思辨性觀點仍有可能在將來通過測試而進入科學領城，就像他所提出與物理力或力場做類比的物理「傾向」（propensity）概念（實351；宇93）。

另一方面，除了希臘時代初期的物理宇宙學，是真正以形上臆測為基礎之外（量165），其

後的形上學多少都會以當時的科學理論為基礎；
如康德哲學取材於牛頓物理學（臆96），波普自
己的三元世界形上學取材於當代分子生物學、神
經生物學、演化生物學和動物行為學等。因此他
的「形上學為科學基礎」說法，似乎不應再被狹
義地分判為前科學或後科學形上學，而需從他有
名的「劃界」或「區分」論點來討論，也就是站
在「可否經驗地測試」這個判準上來談問題。

　　用經驗上的「可測試性」、「可駁斥性」或
「可否證性」，來分判科學理論與包括形上學在內
的非科學理論，乃是波普的一貫主張（臆196-
7），而他所說的經驗，正是日常感覺經驗的延伸
（臆184）。以經驗性否證來考察科學知識，是他
的知識學和方法學上重要課題；至於對日常經驗
活動的後設性探討，則成為他的形上學和宇宙學
必然論旨。

　　波普聲稱自己是一個形上實在論者，還強調
並非實在論奠基於物理學，而是物理學奠基於實
在論（論1985a：3）；換言之，科學及宇宙學
（cosmology）奠基於形上學。他對實在論所作最

簡潔的解釋是：主張世界具有實在性的學說（客
33）；進一步的推敲則爲：這個圍繞我們的世
界，或多或少正是常識所呈現以及經過科學所釐
清的那個樣子（實102）。所有的科學、哲學和理
性思維都從常識開始，然後再回過頭去啓迪光照
常識（客33-4）。在人生的意涵上，波普臆測：個
人存在有其止境，但世界並不隨之終結，他以此
一常識觀點爲實在論的中心教訓（客 35）。總
之，波普信服的是「常識實在論」
（commomsense realism），他視之爲最重要的形上
學說；這種理論對知識學、方法學、倫理學和人
生見解，都有莫大的重要性（答966）。

「實在論」在中世紀相對於「唯名論」
（nominalism），在現代則相對於「觀念論」
（idealism），波普的立場正是反對觀念論的（實
102；量2-3）。實在論大致可分爲「直接實在論」
與「間接實在論」兩種，二者的分別爲：外在世
界的實在性是否直接通過人的感官而被察覺；後
者通常預設「感覺與料」（sense data）的存在。
波普透過前述常識觀點，從形上學而非知識學的

立場反對間接實在論。

常識實在論區別「表象」（appearance）與「實界」（reality），同時肯定其間的表裏關係：表象就是實界的表面，它還有一個深刻的內在（客37）。這點很重要，它表示實界是一體的，但是有層次之分，而且有許多不同的層次，然而誰也不能夠說自己已經揭露了最終的層次（臆173；自193），此為波普反本質主義見解。他所謂的「本質主義」（essentialism）正是傳統實在論，於是我們發現到，波普對形上學的態度，是跟傳統有著相當距離的。他認為形上學具有基礎般的重要性，卻不能當做定論。尤有甚者，沒有一門學問是有定論的，連科學也不例外（科50）。

科學家在發掘表象背後的實界時，乃是一種試誤學習的情境，這個時候，方法學立於形上實在論和情境邏輯之上，扮演著規範建議的腳色（實xxv）。不過方法學並不預設形上實在論，二者之間只有一份直觀性聯繫（實145）。這正好反映出波普形上學的特色：形上學是一種開放的臆測，對科學知識具有指引的功能，對人際倫理則

產生啟蒙的效果。彼此的關係屬於精神上的通透，而非理論上的依存，因為它們本是一體連續系統的多元面相。這也就是說，波普的哲學在精神上是一貫的，但若從哲學內部分工看，則其中又各具系統，表現出多樣的風貌。

　　波普形上學的中心問題，照他自己的領會，不脫自然科學中物理學和生物學所關注的課題，但是這些課題一時無法經驗地測試，只好列為形上學理論。我們必須認清一件事情：波普視科學知識為人類所有知識中最好的一種（答1016），形上學的提出是做為科學的研究綱領，它們可被視為思辨物理學（量161-2）或形上生物學（傳168），這些思辨的或形上的研究綱領為科學所不可或缺，它們為科學提供了問題、目的和靈感（量165）。

　　由此可見，波普的形上學較看重傳統意義下的宇宙學而非存有學（ontology）。他曾表示宇宙學思辨在科學發展上扮演著無比重要的腳色（量31），另一方面，他卻不願多談存有學（自3-4）。將波普所重視的兩個形上學中心課題——思辨物

理學和形上生物學 —— 展現開來，我們可以得到
四項重要論點：客觀論、傾向論、演化論、互動
論。這四點稱得上是他的形上學基本主張，不過
全部具有假說或臆測性質。

一、客觀論

　　波普認為人類知識係由人類所創造，卻會回
過頭來對人類產生莫大的影響力，因此知識必須
是客觀的。人類知識的客觀性有兩重意義：由於
知識體能夠與人心互動，最後及於外在世界，所
以知識體也是一種客觀存在，這是互動論的主
旨，將在下文討論。另一方面，知識具有客觀
性，主要是因為它有一個客觀的內容所致，尤其
是科學知識，客觀述句意指能相互主觀試測者
（科44），此即他的「客觀論」精髓所在。有一點
必須先行說明的是：波普在治學早期是從知識學
方面立論，其後方逐次深澈化到形上學領域，而

我在這兒是取形上學的基礎意義爲考察進路，故將他的客觀論納入形上學範圍。我是這樣去看他的論點的：有一個客觀世界等待我們主動去發掘，在發掘過程中所形成的理論與知識，也化爲客觀世界的一部分；而理論與知識的形成，則是相互主觀地理性認知的結果。

　　波普的客觀論雖非由常識實在論推論而得，卻是在一種類似的心態下鞏固確立。根據他的自傳所述，他在一九一九年十七歲那年，幾乎同時接觸到馬克斯主義、阿德勒（Alfred Adler, 1870-1937）的「個人心理學」、佛洛伊德（Sigmund Freud, 1856-1939）的精神分析，以及愛因斯坦（Albert Einstein, 1879-1955）的相對論；在鮮明的對照中，波普將前三者分判爲獨斷態度下、後者爲科學態度下的產物。科學態度就是批判態度，它不從事理論確證（verification），而是進行嚴格測試（傳36-8）。此番遭遇使波普覺悟到蘇格拉底（Socrates, 469-399 B. C.）「知道自己無知」的教訓，而學得智性上的謙遜。這種認識的結果是他對「客觀科學」與「我們的知識」作了明確

的劃分：前者是可以作演繹推論和相互主觀測試
的，後者則屬心理學問題而非知識學問題（科97-
8），二者的關聯則是：

> 我們永遠不要信任「我們自己的經驗」，除
> 非它們能夠在可相互主觀測試情況下讓我
> 們信服。（臆267）

但是可相互主觀測試的知識，乃是完全獨立於任
何人之外的；它是沒有認知主體的知識（客
109）。

　　由於波普反對心理學與知識學混淆，而他又
相當推崇科學知識，因此他的客觀論思想勢必要
落實在對科學知識內容的釐清上，果然他選擇了
量子力學的主觀詮釋爲主要批判對象。量子力學
或量子物理學是一套與古典物理學有著極大出入
的觀點，根據愛因斯坦的說法是：

> 我們把量子物理學以外的全部物理學叫做
> 古典物理學，古典物理學與量子物理學是
> 根本不同的。古典物理學的目的在於描述

存在於空間的物體，並建立掌握這些物體
隨時間而變化的定律。……在量子物理學
中，掌握個別物體隨時間而變化的定律是
沒有地位的，代替它的是掌握機率隨時間
而變化的定律。只有這個由量子論引起的
物理學基本變化，才能使我們圓滿地解釋
現象世界中有許多現象具有明顯的不連續
性和統計性。（Einstein & Infeld, 1966：
291-2）

而量子論的核心人物之一海森堡（Werner Karl
Heisenberg, 1901-1976） 更明白表示：

量子論的機率函數是代表進行測量時的實
驗狀況的，其中甚至包含了測量的可能誤
差。這種機率函數代表兩種東西的混合
物，一部分是事實，而另一部分是我們對
事實的知識。……實驗誤差……表示了我
們……知識的缺陷。（Heisenberg, 1962：
45）

　　波普認為，量子力學和古典統計力學同樣是一種客觀的理論，量子論實驗者所扮演的腳色也和古典物理學家一樣，就是去測試自己的理論，所以他反對海森堡的說法，以及以波爾（Niels Henrik Bohr, 1885-1962）為中心的「哥本哈根詮釋」（量35-6）。量子論的基本觀念可以這樣說：我們必須假定某些以前被認為是連續的物理量是由基本量子所組成的，這種基本量子就是不可再分的物理量。它首先是由普朗克（Max Planck, 1858-1947）提出，用以解釋輻射現象的光與熱問題，後來波爾又把它引進到探討原子結構的領域中。光學自牛頓（Isaac Newton, 1642-1727）以後便有粒子說和波動說之爭，而原子物理學在二十世紀初期也面臨類似的問題：量子力學把電子活動現象解釋成機率波，機率波構成了量子體系的知識總匯，它使我們能夠回答所有和這個體系相關的統計問題。

　　波普指出，量子論處理的根本上乃是一個統計性問題（量46-7），但它仍是客觀的問題。波普說這話的理由，是他掌握了批判討論和嚴格實驗

測試得以符合實界、逼近眞理的客觀判準（量
41）。統計性問題需用統計性理論來解答，它可
以導出統計性自然律，如此一來，我們的知識有
所增長，但不致受限（量53-4）。這正是波普客觀
論的關鍵所在：統計性理論並不意味知識的缺
陷，它本身就是一種客觀的知識，一種獨立於認
知主體以外的知識。另一方面，具有統計性質的
量子力學，並非抽象的物理形式化，而是有具體
對象的理論，它探討的是原子的結構（量11）。
至於粒子與波動之爭，波普認爲粒子是事物，波
動是事物的屬性，二者呈現不對等，因此二元並
立的說法不成立（量52）。在他的傾向論觀點
下，量子論乃是有關粒子的理論，波動則僅僅用
以決定粒子的可能狀態（量141）。

　　總之，波普的客觀論，藉著批判量子力學主
觀詮釋所呈現出來的面貌，正如他在《量子理論
與物理學分化》一書的序言標題所顯示，是一種
「實在論的與常識的詮釋」（量1）。在這篇序言的
末尾，他強調自己提出的是一套可應用於和可詮
釋物理學及生物學中眞正問題的形上研究綱領

（量31）。事實上，他的常識實在論和客觀論，已
不止用在研究佔有空間的粒子之量子力學上，更
及於熱力學第二定律中熵值增加與時間方向之間
的關係問題。在考察波茲曼（Ludwig Edward
Boltzmann, 1844-1906）的理論後，波普認爲時間
有其定向，不受人的主觀意識所影響；而針對西
拉德（Leo Szilard, 1898-1964）的信息理論，波
普又認爲熵值的增減與我們對它的主觀認知無關
（傳156-67），這些結論無不反映出他的客觀論。
不過客觀論只是對科學知識及其內容的靜態描
繪，波普更進一步揭示了它們的動態歷程，包括
傾向、演化和互動。我們先談他的傾向論。

二、傾向論

　　波普在運用常識實在論與客觀論去批判量子
力學主觀詮釋的同時，更積極構思出一種形上臆
測——傾向論，用以指點物理學發展的進程。物

理傾向的概念，照波普看：

> 最佳解釋是與物理力的概念作一類比。物
> 理力乃是一種無法觀察但是可以測試的假
> 說性實體；可以測試意指去測試涉及某種
> 力的假說。（宇93）

前面說過，量子物理學一反古典物理學的傳
統，以形式機率演算取代個別物體運動的演算，
因此波普視爲根本上的統計性理論。而所謂主客
觀詮釋，無非是對微觀物理世界此一統計性格進
行闡明。主觀論點視之爲人類認知的極限，難以
逾越；波普卻以爲機率統計完全無涉於認知主
體，客觀論即在顯示此點，不過他更進一步提出
了傾向詮釋。波普說：

> 機率的傾向詮釋……是我所知道應用在某
> 些類型「可重複實驗」的機率演算上最好
> 的詮釋，尤其在物理學上……以及相關領
> 域如實驗生物學上。（量69）

嚴格說來，波普對機率理論和統計性理論仍

有所分判，但統歸於廣義的機率性理論名下，其
中還包括傾向理論，它們的共通處即是客觀（宇
96-7）。機率演算在波普的心目中並非知識的不充
分，而是客觀自然的缺少決定性（量66），因此
在探討他的傾向論之前，有必要對他執持的「非
決定論」稍加說明。

「決定論」通常與「自由意志」的問題連在
一道，認為人們的意志行為是被一群行為動機，
以及有意識或無意識的瞬息間心理狀況所決定。
波普明白二者的關聯，卻認為放在一道談容易流
於字義之爭，所以他轉而談「物理決定論」（宇
xix-xxii），這也正是我們所要的。「物理決定論」
是指：如果我們能夠掌握對過去的事件充分地精
確描述，再加上所有自然律，則未來一切事件就
可以無條件精確地理性預測（宇2）；相反地，
「非決定論」則認為：並非所有的物理世界都會
絕對準確而且鉅細靡遺地被事先決定（客220）。

波普用了很多論證去批判各式各樣的決定論
──包括神學的、哲學的與科學的決定論，甚至
形成了一部專著《開放宇宙──非決定論論

證》，但是他到頭來仍不免訴諸常識：如果在最
有力的科學的決定論中，常識性的全稱肯定命題
不成立，那麼特稱命題就一定站在否定一方了
（宇27）。在常識實在論的觀點裏，非決定論是一
項宇宙學事實，不必作進一步解釋（量181），因
為相對的立場——決定論，已經排除了所有論證
的可能（客223）。而這種獨斷的態度，素來為波
普所反對。

　　把握住客觀世界的非決定性質後，波普乃信
心十足地楬櫫了他的「傾向論」：

> 非決定論和機率的傾向詮釋，容許我們為
> 物理學世界繪出新的圖像。根據此一圖
> 像，……物理世界的所有性質都是有所趨
> 向的，而且一個物理系統的真實狀態，在
> 任何時刻中都可以被表示成它的趨向、潛
> 能、可能性，或傾向。又根據此一圖像，
> 變化在於某些潛能的實現或現實化，而這
> 些實現又組成不同於原先潛能的其他趨向
> 或潛能。這種觀點密切符合常識世界觀。

　　……我們可以將物理世界描述為是由改變
　　所需的變化傾向所組成。通常這些潛能並
　　不決定未來的變化，但是至少在某些物理
　　學領域中，它們可以決定未來各種可能的
　　機率分布，甚至包括機率等於一的情況在
　　內。

　　根據上述潛能或傾向的實現，以及實現同
　　時再組成其他潛能或傾向的詮釋來看，我
　　們是在建議一種有關物質或粒子理論的進
　　路。此一進路的主要論點之一，是在建議
　　對愛因斯坦決定論綱領給與非決定論再詮
　　釋，同時對量子理論給與客觀論與實在論
　　再詮釋的可能性。它的目標是呈現一幅世
　　界景觀，在其中可以容納生物現象、人類
　　自由和人類理性。（量159-60）

　　波普的理想是結合相對論和量子論在世界觀
詮釋方面的開放立場，而揚棄它們的獨斷論點。
為此波普也在盡量避免自己陷入獨斷，他明白表
示：

> 我反對視機率理論必須詮釋為事件的傾向
> 理論之觀點；這也就是說，我把傾向詮釋
> 看做是對世界結構的一種臆測。（科212）

到底「傾向論」說明了什麼？波普曾拿它和亞里斯多德（Aristotle, 384-322 B. C.）的「潛能實現觀」作一比較。波普認為傳統的「潛能」是指「個別事物的固有性質」，而他的「傾向」卻是指「整個客觀情境的關係性質」；此一情境與其潛在性質的真正依存關係，我們只能臆測。總之，傾向和物理力一樣，是一種「關係」概念（實359）。傾向論要說明的是：機率乃是一連串虛實的結果中，臆測的或估計的統計性頻率，而這些結果則受限於生成中的條件。也就是說：結果依於其條件，並隨之變化，而機率則是這些條件的趨勢性質，亦即傾向。機率的傾向詮釋，可說是對其頻率詮釋的修正。對單一事件就其自身性質而出現的機率來說，它的演算是經由臆測的潛在或虛無統計性頻率，而非經由實際或觀察到的頻率得出（實358-9）。

　　機率的詮釋是知識學中的重要課題，將在下
一章討論，此處只能強調波普從機率詮釋中所發
展出的傾向論之形上意含及其引申。他把傾向論
當成是一套可測試的新興物理假說，而假設所有
的實驗安排和所有的系統狀態都會生成傾向，這
些傾向有時可經由出現頻率加以測試（實360）。
乍看之下，波普的傾向論似乎已從形上學（「後
設」物理學）轉變成真正的物理學了，不過他也
曉得自己這一套在目前並不易為物理學家所接
受，所以仍視之為思辨物理學或形上想像。

　　傾向論既然有想像特質，就不妨大膽假設，
於是波普乃建議用物質場的概念去解釋粒子活動
（量177）。如果粒子就是傾向，那麼物質和場便
是一回事，而從潛能到現實的過程也說得通了
（量196）：他甚至用正負電子的消長來解釋傾向
論（量197）。傾向論最終目的，則是完成愛因斯
坦的未竟之業──統一場論，並嘗試說明宇宙創
生萬物的可能（量202）。波普藉用物理學家泡里
（Wolfgang Pauli, 1900-1958）的話來表達傾向論
的好處：「為不同分支科學所採較大規模整合統

一的未來發展，打開希望的大門。」從此他更把
傾向論引申到生物學領域中去了（量208-9）。

　　波普對物理學的現況不盡滿意，所以期待一
場革命的發生（自543）。他曾把自己的傾向論類
比於牛頓的力學革命，後來又提出「三元世界」
的演化論和互動論，可視之爲生物學上的觀念革
命。不過他的物理學和生物學──或更好說是他
對物理科學與生命科學所執持的形上學理念，原
本就是一體連續統，這點由他採用「傾向」一辭
便可看出。「傾向」本屬生物學或心理學用語，
波普藉用於物理學上，並逐漸擴充其內容，終於
透過化學的中介，又回到生物學上去，但其意義
明顯較過去豐富許多（量209）。

　　生物傾向大致包括固有的自給自足傾向（量
209）、有限的反應傾向（客343），和無意識的期
望傾向（答1061：論1985b：407）等。另外在心
理學方面也有一種重要的傾向，那就是心智的回
饋效應，像是語言論證、發明自然數等（論
1985b：408）；但是波普認爲心理學是生物學的
一門分支（客24），所以我們可以將之歸於生物

傾向。從生物傾向往前走一步，就達到生物淘汰
和優先性的問題（傳179），這便進入演化論的範
圍了。

三、演化論

　　波普大致接受演化論是一種事實，他心目中
的演化論乃是現代意義下的達爾文主義（傳
167）。波普認為演化論可以分為兩層來談：它是
一套形上研究綱領，也是情境邏輯的應用（傳
168）；前者為形上學，後者屬知識學。本章只
考察形上學，下章再討論知識學。

　　波普陳述的「演化論」臆測為：

　　. 地球上生命形式的重大變異，都源自極
　　　少數幾種生命形式，甚至可能源自單一
　　　有機體。演化是呈樹狀發展的，是有歷
　　　史關聯的。

　　. 有一種演化理論可以解釋上述現象，它

包括四項主要假說。

a.遺傳：後代相當忠實地複製親代機
　體。

b.變異：其中還是會有些小的變異，最
　重要的是那些偶發並且會遺傳的突
　變。

c.自然淘汰（或稱天擇）：有許多針對
　遺傳物質和變異而進行排除的控制機
　制，有的機制只允許小規模突變通
　過，但消除了大規模突變的產物。

d.可變異性：雖然在不同競爭者之前，
　變異有明顯理由較天擇更為重要，但
　正是在這種情況下，可變異性──變
　異的機會──是受天擇控制；例如有
　關變異的頻率與大小。遺傳與變異的
　基因理論甚至承認，特別的基因會控
　制其他基因的可變異性。如此我們將
　看見一種階層系統，甚至更複雜的互
　動結構。（傳170）

這兩個觀點均來自達爾文（Charles Robert
Darwin, 1809-1882）。對於第二點的四項假說，波
普做了一番知識學上的引申，他列為第三點：

> 在「保存」原則a及d和我說的獨斷性思
> 考之間，有一層密切的類比關係；在b及
> c和我所說的批判性思考之間也有這種關
> 係。

他把這三點都視為形上研究綱領，也就是無
法測試的。達爾文主義既不能真正預測，也不能
真正解釋多樣性的演化（傳171）。演化假說只是
關於地球上一些動植物起源特別的（或單一的）
歷史性陳述，而不是一種普遍的自然律（歷
107）。這正符合他的非決定論觀點，他乃用以批
判「歷史決定論」。歷史決定論的中心學說認
為：社會科學的工作在於揭示社會演化定律，以
便預測未來（歷105-6）。

演化論雖然不像物理學、化學甚至生物學定
律那樣，可以作科學性預測，但是它仍然是很有
價值的理論與假說。就拿「天擇」假說來說，它

原則上可以把「目的論」化約為「因果律」；也就是說：原則上我們可以用純粹物理性語詞，來解釋世界中設計和目的之存在。雖然達爾文主義者尚未能成功地做到這點，它卻不失邏輯地可能（客267）；這裏所說的邏輯可能，指的就是化約（reduction）的合理性。

　　波普對生命起源的臆測，是基於當代分子生物學的，他說：

> 生命起源於巨大自我複製分子的化學合成，然後通過天擇而演化。……物質宇宙中彷彿可以體現一些新的事物。無生物所擁有的潛能，似乎不止於製造無生物。特別是它可以創造心智，……到頭來則是人腦和人心、人的自我意識，以及人對於宇宙的察覺。（自11）

他稱這種演化過程為「物質的自我超越」，由此形成一套粗略的「創生演化」或「體現演化」概念。透過對宇宙演化層級的描述與說明，最後就開出他的形上學結論——三元世界互動論（自

16），這正是下節要探討的主題。

　　演化層級雖然以化學元素為根本，但是到了生物系統層面，卻是以樹狀而非明顯的層級發展。不過其中仍有脈絡可循。所以演化論做為一種研究綱領，是適於採取化約論進路的（自17-8）。化約論預設了「向上的因果關係」，也就是說，較複雜系統可以用較簡單系統的概念加以說明，反之則不然。可是事情似乎沒有那麼單純，物理學和化學研究發現，「向下的因果關係」同樣存在（自19），難道化約論就此失靈了嗎？倒也不盡然。

　　波普認為方法學的化約，在科學研究上乃屬必要，但我們不能寄望完全的化約（宇136），於是他在自己演化論的化約綱領中，吸收了巴西生物學家梅達瓦（Peter Brian Medawar, 1915-1987）的建議，而將之修正為各階層可相互補足的部分化約綱領，同時預設了非決定論（自21）。這麼一來，新奇的事物在既有世界的基礎上，得以非決定地創生、體現，這些事物又能夠回頭影響、改變原有基礎，促使生生不息，此乃波普演化論

在形上學方面的眞義。

　　波普的演化論並不止創生或體現一端，他還臆測了「有機演化」，強調行爲型式導致演化性改變（傳180），以此解釋人的語言行爲與心智形成的關係（自12-4）。還有就是「定向演化」或「目標導向演化」，他提出一種「發生二元論」假說，把演化的有機體看成是由兩部分組成：行爲的控制部分，如高等動物的神經系統；以及執行部分，如感官和四肢。這兩部分的突變，原則上乃是獨立進行的，只有與遺傳傾向有關的基因攜帶者，才會出現有意義的突變。他以此化解拉馬克主義與達爾文主義的衝突，進而包容了生機論、萬物有靈論的解釋，其最有力的科學理論支持則來自動物行爲學（客272-80）。波普的這些演化論形上臆測，到後來便匯流形成一部完整的演化知識學；但是在這之先，絕不能缺少三元世界互動論的假說。

四、互動論

　　波普的三元世界互動論主張一種多元論，認爲這個世界至少是由三個次級世界組成，或者乾脆說有三個世界（客154）。他雖然不願多談存有學，卻也承認把世界三元化，擁有存有學的味道。三元世界中的「世界一」、「世界二」較易理解，它們大致上等同於笛卡兒（René Descartes, 1596-1650）所區分的「身體」與「心靈」二元世界，只是波普透過現代科學知識，把它們擴充爲「物質—能量」與「心靈—經驗」二元世界 （宇114）。他發現「身心問題」其來已久，古希臘神話時代已有靈魂概念；甚至早在五、六萬年前的尼安德塔人，就因相信死後生命而有陪葬習俗，這些多少都具備二元觀的雛形（自153-5）。

　　身心問題經過哲學家長期探討，到目前可以歸結出四種主要論點：一、否定身體存在，泛稱

非物質主義，如柏克萊（George Berkeley, 1685-
1753）、馬赫（Ernst Mach, 1838-1916）等；二、
否定心靈存在，如物質主義、物理主義、行為主
義、同一論等；三、身心平行論，如笛卡兒主義
者、斯賓諾莎（Baruch Spinoza, 1632-1677）、萊
布尼茲（Gottfried Wilhelm Leibniz, 1646-1716）
等；四、身心互動論，這是笛卡兒的主張。波普
覺得平行論有點道理，但不相信身心毫無溝通餘
地。要注意的是，平行論的出現，原本是為避免
笛卡兒二元互動論的某些困難，但波普基於對開
放性的要求，反對像萊布尼茲單子論那種封閉式
的觀點，所以寧取互動論（宇155）。

　　互動論也像前述客觀論、傾向論、演化論一
樣，屬於形上研究綱領（自37），它有助於讓人
們瞭解不同世界之間的關係，進而影響及人生實
踐活動。但是各個世界到底是如何互動的，波普
認為完全不可解（客255）；至少笛卡兒的松果
腺理論和康普頓（Arthur Holly Compton, 1892-
1962）的神經量子跳躍理論都不足恃（客232-
3）。

　　波普和著名神經生物學家愛克斯合著了一部
書《自我及其頭腦——互動論論證》，堅定表明
了他的立場。以常識觀點看，互動論就是事物間
能夠因果地產生作用（自10），波普並借用約翰
生（Samuel Johnson, 1709-1784）反駁柏克萊的話
說，互動就是你去踢一塊石頭，而感覺到它在回
踢你（宇116）。有被踢的石頭存在，證明有世界
一；有感覺踢到石頭，證明有世界二；踢石頭及
石頭的回踢，證明有交互作用或互動。身心互動
實際上包括控制和回饋的過程，波普以樂器演奏
爲例：意志控制演奏動作，但是身體並不完全聽
指揮，除非演奏者努力練習，才能夠得心應手。
總之，世界二對世界一的控制是有彈性的，因此
容許互動產生（客251-2）。

　　不過身心二元互動論一九八三並不是波普主
要貢獻，三元世界才是他的創見。一九八三年他
在義大利一次公開演講，清楚地表達了自己的
「互動論」觀點，可以算是定論：

　　　大約在二十年前，我介紹了一種理論，把

宇宙分成三個次級宇宙，我稱之為世界
一、世界二和世界三。

世界一是指所有物體與力以及力場的世
界；它還包括有機體，包括我們身體各部
分、我們的頭腦，以及生物體內各種物
理、化學和生命歷程。

世界二是指我們的心靈世界，包括思維的
意識經驗、悲歡的感覺、生活目標和行動
計畫等。

世界三則是指人類心智產物的世界，特別
是人類的語言世界，包括故事、神話、解
釋性理論等；還有數學與物理理論，以及
技術、生物和醫學理論等的世界。除了這
些，更包括藝術創作、建築、音樂的世
界。我認為如果沒有語言，所有的人心產
物都不可能出現。世界三就是文化的世
界。……

世界三可以作用於世界二，並經由世界二

作用於世界一。……所有的生命和演化最
重要的事實便是自我超越。我們經由與世
界三互動而得以學習；也因為有了語言，
容易出錯的人心才會大放光芒，照亮宇
宙。（論1985b：409-12）

　　波普的陳述有幾點需要補充：第一，世界三
與世界一無法直接互動，必須以世界二為中介
（客155；傳185）；第二，世界三具有某種程度
的自律（autonomy）（答1050；自40）。自律問題
留待知識學一章再行探究，與形上學甚至存有學
密切相關的「世界三」緣起問題，應當在此澄
清。「世界三」的簡單解釋乃是：「思維的客觀
內容」，包括科學的與詩意的思考以及藝術作
品。它在哲學上神似柏拉圖（Plato, 427-347 B. C.）
的「形式」或「理型」，以及黑格爾的「客觀精
神」，但實際上卻大異其趣。世界三近乎數學家
波查諾（Bernhard Bolzano, 1781-1848）的「命題
自身世界」或「真理自身世界」，不過照波普
看，它與理則學家弗列格（Gottlob Frege, 1848-

1925）的「思維客觀內容世界」或「第三界域」
最爲接近（客106；傳180-1）。

　　世界三必須與世界二及世界一明確劃分；世
界二與世界一的分野早經笛卡兒確立，既然世界
三無法與世界一直接往還，那麼剩下的唯一問題
就是世界三與世界二的分野和互動了。爲了處理
這個問題，波普在一九六七年曾發表了一篇相當
長的論文〈沒有認知主體的知識學〉，強謂「思
維內容」必須與「思維歷程」分開討論，他把二
者分別稱爲「客觀知識」和「主觀知識」（客108-
9），所討論的課題，也因此由形上學回到知識學
領域裏去了。

　　波普的形上學以常識實在論爲基礎，順著客
觀論、傾向論、演化論、互動論的逐步開展，建
構了一系思辨物理學與形上生物學的連續統，終
於又回到他最感興趣的知識學問題上，只是問題
焦點已從方法學轉向生物學。

第三章
知識學

　　波普認為知識學問題可以分為兩面進路：
一、從一般性或常識性知識著手；二、從科學性
知識著手。科學性知識是由常識性知識延伸發展
而來，但是後者並不見得比前者容易分析；再說
許多極重要且振奮人心的知識學問題，在常識性
知識當中根本見不到，所以他非常看重科學（科
18）。他很明白地表達了此點：

> 知識學指的就是知識理論，尤其是科學性
> 知識。知識理論試圖解釋科學的狀態和科
> 學的成長。（論1985b：395）

　　真正知識學者的工作，是去分析科學問題、
理論、程序和討論（科22）。波普舉出他心目中
近兩百年典型的知識學者：康德（Immanuel
Kant, 1724-1804）、衛惠爾、穆勒、皮爾士
（Charles Sanders Peirce, 1839-1914）、杜罕
（Pierre Duhem, 1861-1916）、潘加列（Henri
Poincaré, 1854-1912）、梅葉生（Emil Meyerson,
1859-1933）、羅素（Bertrand Russell, 1872-
1970），以及懷海德（Alfred North Whitehead,

1861-1947），他們都同意科學知識是常識成長的
結果，同時也發現前者較後者易於研究。科學不
是高度堅實或準確的知識形式，而是爲批判與實
驗所控制的臆測內容（實13）。根據葛代爾（Kurt
Gödel, 1906-1978）的不完備性定理，科學乃是不
完備的（宇162）。在科學中，我們永遠沒有充足
理由相信自己已經獲致眞理。科學只是有關相互
競爭的假說，以及它們是否通過各種測試的資
訊。在大多數情況下，科學家所做的，就是以相
當的自信去決定競爭理論的優劣，而進步便由此
產生（開下12）。

　　科學家的生活也許充滿主觀直覺，但是理論
取捨卻必須訴諸客觀測試和論證，這個時候就需
要方法學以釐清理論的邏輯情境（科54-5）。科學
客觀性的要求，可以被詮釋爲一種方法學規則，
它規定只有能夠相互主觀測試的述句，才得歸於
科學（科56）。由此可見，波普的知識學可以看
做是方法學，事實上這正是他在學術工作早期最
有成就的領域。前章曾提到波普研究者將波普一
生治學分爲兩個時期：方法學時期和形上學時

期，此一分期爲波普所認可，他並肯定其分野在
一九四〇、五〇年代交接之際。往深一層看，這
兩段時期的劃分，正好顯示了波普知識學所具有
的前後兩種不同特質，當然在精神上它們仍是一
貫的。

　　波普把知識學視爲哲學研究的中心。在他治
學前期，知識學就是方法學，他說：

> 知識學，或科學發現的邏輯，理當同科學
> 方法理論是一回事。（科49）

到了治學後期，他的知識學特性有了顯著的轉
變：

> 我的知識學被稱為「演化的」，我把人類語
> 言、人類知識，以及人類的科學視為生物
> 演化的產物，特別是達爾文主義下的天擇
> 演化產物。（論1985b：395）

從方法學到形上學或形上生物學，波普知識學的
發展，與其說是轉折，不如視之爲擴充，也就是
從「科學哲學」擴充爲「科學的哲學」（scientific

philosophy）。不過他的「科學的哲學」與邏輯經
驗論者如萊興巴哈（Hans Reichenbach, 1891-1953）
的論點相較，對傳統哲學尤其是形上學的肯定與
重視，乃是一大特色（科277-8）。

　　波普的知識學探究，自方法學出發，向形上
學求緣，大致可分否證論、易誤論、演化論、自
律論等觀點，本章分述如下。

一、否證論

　　波普把知識理論與科學方法論述合併爲一，
是有他的理由的。他說：

> 我把人類知識看做是由我們的理論、假
> 說、臆測所組成，看做是我們智性活動的
> 產物，如此才可能把知識理論同科學方法
> 論述合成一體。（傳85）

將人類知識歸於世界三，使之客觀化，才得合理

用方法學去處理它。形上學爲知識學的基礎，在此又得一例證。不過波普思想的前期，他的確是以方法學研究爲主調。他的第一個具有決定性的哲學問題，是個傳統形上學問題，也就是他後來稱之爲「本質主義」的問題，但是他把它看做是方法學問題而加以解決（傳17-21）；甚至於他的博士學位論文《思維心理學的方法問題》，都不脫方法範圍（傳78）。

方法學就是科學發現的邏輯或知識理則學，它的工作是對科學發現的程序進行邏輯分析，也就是去分析經驗科學的方法（科27），知識理論因此可以描述爲一種經驗方法的理論（科39）。經驗方法乃是用以區別不同理論系統的方法；不同的理論系統指涉不同的邏輯可能世界，但是經驗科學卻針對唯一世界：眞實世界或我們所經驗到的世界。此一經驗世界如何呈顯？答案是在演繹方法之下接受測試。由此可見，經驗方法可視爲傳統理性主義與經驗主義的修正與結合：

　　我們可以在謹守科學知識的假說性質的情

　　況下，結合經驗主義、形上實在論和所有

　　理性討論的批判特色。（實88）

在經驗方法內，經驗科學必須與其他學問有所區
分；可經驗地測試與否，正是此一區分的判準。
區分判準不是歸納邏輯下的「可確證性」，而是
演繹邏輯下的「可否證性」（科40）；「否證」
（falsification）是波普知識學最具關鍵性的論點之
一。

　　理則學或邏輯一般包括演繹與歸納兩種推
論，但是波普堅決否認後者的存在，甚至斥之為
一種神話（客23；論1977a：91）。換句話說，他
只相信一種推理方法的存在，那就是演繹法；任
何歸納程序或歸納技術，都可以完全用演繹邏輯
加以分析（實122）。在波普的觀念裏，演繹系統
不再是從真值完全確定的公理中演繹出具有真值
的定理，而是在有系統地推導出結論的過程中，
容許人們理性地、批判地論證各式主張。演繹乃
是理性批判的工具，它可以運用在任何數學和經
驗科學理論中（實221）。

　　如果我們肯定科學的假說性質，再把演繹推論的功能擴充至科學活動上，經驗地測試一切科學假說，那麼歸納與確證的要求，就可以被演繹與否證所取代。波普特別強調兩種系統的不對稱性（科41：265）：歸納法會導致無限後退或先驗主義（科30：315），從單一述句到普遍述句的確證，也無法經驗地成立（科40）；另一方面，演繹法是在事後經驗地測試（科30），而否證只要有一個單一述句做反例就成立（科41）。

　　他堅持理則學不是遊戲，倘若我們需要以最有力的邏輯進行最嚴謹的批判，那麼只有古典二值形式邏輯能夠勝任。這種邏輯用於數學為證明，用於經驗科學則為批判，亦即駁斥（客304-5）。因為理則學此一部分關聯於自然科學方法學，所以實在論便成為理則學的重要觀點，它也正是理性主義的觀點（客307-8）。

　　實在論保證了演繹邏輯與經驗世界的關聯，「否證論」因此有了用武之地。波普闡述他的論點如下：

對於否證論者而言，科學是由大膽的解釋
性假說所組成；大膽即是說他做了許多論
斷，以致很容易出錯。他將盡力在其中挑
毛病，希望找出並消除錯處，以形成一套
解釋性理論，同時希望藉此增進新的洞察
力。他對純粹存在述句並不感興趣，因為
這些述句相當薄弱；除非拿它們形成一個
理論系統的整體，否則就不能被否證。如
果存在述句是伴隨著一個公認的基本述
句，那麼它們才足以被納入科學。但即使
是如此，否證論者對存在述句的興趣，也
只不過是因為接受它，正等於對相反於它
的否定性普遍述句之拒斥。（實185）

　於是我們可以明瞭否證論的用意，是在取理
則學上普遍述句的強勢功效，以及方法學上確證
與否證的不對稱性（實184）。波普這種對理則學
的執著，根本容不下歸納法的存在：

　　否證法並不預設歸納推論，它只預設演繹
　　邏輯恆真性的轉換，其有效性實不容置

疑。（科42）

不過演繹邏輯同經驗世界畢竟不是同一回事，所以他還是強調，我們必須清楚地分判可否證性與否證（科86）；前者是純粹邏輯判準，後者則為經驗性活動（實189）。問題是理論可以規避否證而形成「免疫」（客30），但這有時並非壞事，某種程度的獨斷，對科學仍有助益。邏輯判準配合經驗內容，可以決定是否需要暫時地獨斷（傳42），否證因此擴充為試誤。

二、易誤論

否證論是針對科學而發的論點，但即使是科學也無法完全訴諸否證（實xxii），堅持己見仍有必要。尤有甚者，科學家應該堅持自己的想像力和創意，畢竟新理論並非駁斥的直接結果，而是創造性思考的成就（實xxx）。否證只能造成新的問題情境，但是唯有我們勇於嘗試，人類知識才

會有所進展。易言之，知識成長的唯一途徑，乃
是修正我們的錯誤（臆ix）。前節所分析的否證論
是從理則學和方法學的觀點，顯示在理論中找錯
的重要；易誤論則進一步從形上學的觀點，肯定
人一定會出錯。它一方面主張人是在錯誤中學習
而逼近眞理的（臆229），另一方面則臆測嘗試錯
誤是有生物性基礎的（答1111-2）。當否證論無法
完全框限認知活動時，易誤論的理念適可補其不
足。易誤性（fallability）使得人類知識上通眞理
領域，下連動物知識（實xxxv），把知識學從方
法學擴充爲形上學。

　　波普的「易誤論」如此陳述：

　　易誤論指的是一種觀點，它承認我們可能
　　會犯錯，並且認爲追求確定性（或只是高
　　度或然性）是不對的。這並不是說我們不
　　應該追求眞理，相反地，容易犯錯正意味
　　著眞理是我們的標準，我們也許尚未企及
　　眞理。它甚至意味雖然我們已經發現眞
　　理，卻永遠無法確知；錯誤的可能性永遠

存在。……不過我們只需考察已知的人類
易誤歷史事例，就當明白每一個錯誤的發
現，都會在知識上造成一次實質的進展。
……我們可以從錯誤中學習。這個基本洞
見確是一切知識學和方法學的基礎，它指
引我們如何更有系統地學習，如何快速進
展。這項指引很簡單，那就是：我們必須
去尋找自己的錯誤。換句話說，我們必須
盡力批判自己的理論。唯有批判才是我們
察知錯誤的正途，經由批判才得讓我們有
系統地從錯誤中學習。（開下375-6）

波普肯定有絕對真理的存在（開上273；客
308），但是真理所扮演的腳色並非積極指出理論
為真，而是消極地批判理論不真確（客265）；
真理是凸顯人類易誤性的標準。

　　易誤論既然主張我們應該有系統地從錯誤中
學習，就理當有條理、有程序可循。上面提到，
找自己的錯要盡力自我批判，而批判論證的技巧
與藝術，乃是由試誤法發展出來的（客237）。試

誤法可表示爲如下的程序：

P1→TT→EE→P2

P1是一個起始的問題；TT是某種暫時性解答、一個暫時性理論（tentative theory）；EE是批判的活動、是意圖消除錯誤（error elimination）；P2則是在理論經過批判釐清後所產生的新問題（傳132）。由此可見，試誤法的確是否證法的擴充；否證提供問題情境，暫時堅持理論獨斷乃形成嘗試（傳45），而錯誤消除的過程更近乎辯證法。事實上，波普早年正是想以試誤法修正辯證法，使之更合理（臆323-4；傳132）。

　　易誤論是波普的知識學在精神上介於方法學和形上學之間的觀點，也可以說它是兼容並蓄的，所以它所使用的方法不可能化約爲理則學。雖然試誤法來自算術（傳204），而懷海德與羅素也曾努力把算術化約爲理則學，但是自從波普將生物學的天擇與適應問題與試誤法結合（論1975：74），試誤法與理則學的內容就更大異其趣了。所以當波普宣稱，要以「試誤法」此一名

稱取代「辯證法」，來說明辯證三階段時，其目
的就是要正本清源，將辯證法歸之於一種經驗的
描述性理論（臆322）；而非像黑格爾所認為
的，是屬於理則學的一部分（臆328）。這種釐清
相當重要，因為波普執著於演繹邏輯的唯一性
（客304），他的知識學就建立在這種邏輯唯一性
上，所以他要用否證論和易誤論，把歸納法同辯
證法排除在理則學之外。

　　易誤論的生物學臆測論點，波普是這樣說
的：

　　　我對人類知識的看法是易誤論和批判進
　　　路，而人類知識則是動物知識的一個特
　　　例。我對動物知識（包括人類知識）的中
　　　心理念，是它基於天生知識，它具有無意
　　　識期望的特性。它的發展大多為修正過去
　　　知識的結果，此類修正是（或似為）一種
　　　突變。它來自內在，它具有試驗汽球的本
　　　性，它是直覺的或大膽想像的，因此它乃
　　　帶有臆測性質。（實xxxv）

波普稱這種有機體自我適應的認知對象爲「主觀
知識」，它是動物對外在環境的解釋，但常常出
錯（答1111-2）。從主觀知識到客觀知識，即是演
化知識學的主題。

三、演化論

　　對波普來說，知識問題可以分判爲二，一是
有關知識的眞值、中效性和證實（justification）
問題；另一則是有關知識的發生或歷史問題（客
67）。這兩層問題分屬知識的邏輯和事實概念，
必須嚴格區別（客68）。像他自己就是分別用方
法學和形上學兩種態度，來處理這兩層不同的問
題。但這只是在理論上對待它們的分別相；我們
切莫忘記，它們在精神上仍是彼此通透的一體連
續統，連波普都承認二者相輔相成的重要（客67-
8）。

　　易誤論雖然牽涉到一些生物學臆測，但嚴格

說來，它仍是知識問題的方法學論點；試誤法乃
是否證法或經驗方法的擴充。把知識的事實問題
用演化論和自律論加以闡述，才算眞正發揮了形
上學態度，這也是波普哲學最受爭議之處。演化
論原本是波普形上學的主題，不過透過情境邏
輯，就引申到知識學中來了。「情境邏輯」爲波
普所獨創（客304），它事實上並不像演繹邏輯對
人類行動有決定性的作用，所以更好稱之爲「情
境分析」（客178）。

　　簡單地說，「情境分析」就是：

> 對一些人類活動的某種暫時的或臆測的解
> 釋，它可以顯示出爲當事人所察覺的處
> 境。……我們可以臆測地去嘗試理想化重
> 建問題情境，它既可爲當事人所察覺，其
> 行動又能爲我們所瞭解。也就是說，重建
> 成像當事人所看見的一樣。（客179）

可見「情境分析」乃是「設身處地」與「客觀超
然」的巧妙折衷，唯有取這種不亢不卑的中庸態
度，我們才能夠對歷史事件與社會情境有所瞭解

與把握（開下96-7；歷147-50）。演化論所臆測的
正是一些歷史事件（歷106-7）；由於它所作的是
歷史性描述，因此可以被歸爲情境分析（傳
169）。

「演化論」對知識學所作的情境分析，是有
關知識成長方面的，波普指出：

> 對暫時的臆測所作有意的批判，以及對這
> 些臆測有意地增強淘汰壓力，構成了知識
> 上有意的科學進路既新穎又特別的因素。
> 而這些因素乃是描述的與論證的語言體現
> 的結果；也就是說，它是語言所描述的內
> 容得以被批判的結果。（傳169）

於是我們知道，語言在知識學上占了很重要的地
位。波普表示：

> 演化知識學的主要問題是：人類語言的演
> 化及其在人類知識成長上所扮演的腳色、
> 真僞概念、事物狀態的描述，以及語言從
> 組成世界或實界的複雜事實中揀選出事物

狀態的途徑。（論1985b：395）

波普增補了他的老師布勒（Karl Bühler,
1879-1963）的語言演化層級理論，把語言功能由
低層次到高層次分為四級：表情功能、信號功
能、描述功能、論證功能；其中前兩種功能為動
物與人類所共有，後兩種則專屬人類（論
1985b：402）。波普臆測這些語言功能的發展是
演化的，尤其是後兩種功能。他認為描述功能起
於嬰兒模仿大人行為的遊戲動作，在喋喋不休的
表情發聲中，激發一種內在需要，終於透過演化
作用而形成說故事、傳播神話的描述語言（論
1985b：404-6）。但是這些描述語言終究只停留在
個人階段，屬於主觀知識。唯有把主觀知識用某
種記號形式寫下來或記錄下來，使得其他人能根
據事實判斷其真偽，才會生出相互主觀的批判性
思考，從而樹立由具有論證功能的語言所組成的
客觀知識（論1985b：406-7）。

主觀知識理論的形成是與個體不分的，它是
有機體內在傾向的產物。波普在此引申了他的物

理傾向論，也同樣保留了它的開放性。主觀知識
雖然有遺傳上的基礎，並不限制客觀知識的出
現。一個人重於獨斷性思考或批判性思考，並非
受制於DNA，而是繫於他是否對開放的未知領域
從事主動探索。同樣是使用試誤法獲致知識，愛
因斯坦和變形蟲在消除錯誤的過程中，所遭遇的
結果大不相同；變形蟲可能爲其主觀知識而犧牲
掉自己，愛因斯坦則只需在客觀知識上作出修
正。這是有意與無意的差別，卻決定了個體的存
亡（客24-5；論1985b：406-8），我們在此似乎隱
約看見了知識學與倫理學的關聯性。

　　演化知識學是知識學的生物學進路，但不失
形上學臆測的特性，它把動物和人類知識，都當
做有機體適應外在環境的演化結果（自120）。演
化論的眞義，在於把知識視爲連續的，波普說：

> 我們的資訊有兩大來源：一是由遺傳繼承
> 而來，另一則是由生活中獲致。從歷史的
> 角度看，無論是先天或後天知識，均屬過
> 去知識的修正；而所有的後天知識，都能

逐步回溯到對於內在或先天知識的修正
上。後天資訊的重要性，幾乎完全在於我
們的內在能力，這種內在能力是關聯於或
是修正我們的無意識遺傳知識的。（自
121）

先天知識可以用演化生物學加以說明，後天知識
則因為能夠客觀獨立於個體之外，形成傳統（臆
27）或文化（論1985b：409）等世界三內容，並
且得以自我發展和保存，所以需要透過自律論來
解釋。

四、自律論

　　波普的自律論必須從世界三的客觀性開始
談。他曾舉一冊書的內容為例：

　　〔世界三是此書〕被瞭解的可能性或潛在
　　性；它的被瞭解、被詮釋、被誤解、被誤

　　釋的傾向特色，使它成為一冊書。這種潛

　　在性甚至可在未曾實現或未現實化的情況

　　下存在。（客116）

這般說法的確相當抽象玄妙，我們不難看出它是
波普物理客觀論及傾向論的延伸。換句話說，他
把對世界一本性的臆測，推廣到世界三上面去
了。當然世界一能夠透過世界二的中介，與世界
三產生互動；世界三雖屬人心產物，但可以超越
它的創造者而獨立存在。

　　不過自律論的重點卻不止於此。照剛才引述
波普的話看，有些世界三事物似乎在人類創造它
以前就已經存在。這便是世界三自律，它或許在
人心之外：

　　雖然我們可以發明一項理論，但仍有可能

　　出現無意的和不可預見的結果。（傳185）

波普為了說明這點，最常舉的例子就是自然數。
從零開始不斷加上一，可以形成一連串無止境的
自然數列，這是人心的發明；但是此一數列中的

奇數、偶數、平方數、立方數,尤其是質數的存在,卻是我們事後才發現的(宇120-1;客118;傳185;答1077-8;自40-1)。

　　自然數的例證顯示出,數學世界包含了一個屬於世界三的自律部分。波普的自律論不但在知識學上明示這種世界三自律部分能夠被發現,更在形上學中肯定它是實在的。因為它能構成問題,使人們意圖去加以解決,如用電腦盡可能地找尋最大質數等。解決這類問題的過程,起碼是世界三問題作用於世界二心智,若加上使用紙筆或電腦,則更及於世界一。根據波普「能彼此互動者為實在」的說法觀解,自律的世界三無疑是實在的。

　　這套形上學一旦被肯定,就會回過頭來對知識學產生極大衝擊,波普闡述其「自律論」時說道:

　　　　我不只認為世界三是部分自律的,更認為
　　　　它的自律部分是實在的,因為它至少能經
　　　　由世界二作用於世界一。所有的科學發現

　　和技術發明在根本上也是一樣的情形，世
　　界三問題和理論在其中都扮演了主要的腳
　　色。問題可能會被發現，而（有關世界一
　　的）理論雖然或許為人心產物，卻非僅止
　　於我們的概念建構，因為它們的真偽完全
　　依於它們與世界一的關係，而這種關係我
　　們大多無法改變。理論的真偽既依於世界
　　三（特別是語言）的內在結構，又依於世
　　界一，我以為後者乃是實在性的真正標
　　準。（宇121-2）

問題和理論陳述內容的邏輯關係，完全在世界三
層面運作（論1985b：410）；但經驗地符合事
實，又必須企及一個實在世界、一個世界一（客
315；答1093）。自律論在此就像演化論，促使知
識學超越了方法學格局，而跟形上學取得聯繫。

　　自律論不只及於科學知識，更可以擴充到社
會制度（開下90；答1116-7）和藝術創作上（客
180）。社會部分自律的觀點，是用以反對心理主
義的，它認為人類的行動有其意料不到的結果，

由此自律生成的社會制度，是無法化約為心理現象來解釋（開上23；開下90；歷65）。波普甚至把科學視為一種社會制度，它的自律目的是探索客觀真理，是與自然和實界的事實相符（答1117）。他雖然反對知識社會學或科學社會學（開下212-23；答1036；論1977b：295-6），但卻透過自律的社會學的觀點，把社會制度歸之於世界三。當然自律只是部分的，制度仍屬人心產物（答1116；傳187）。

藝術作品的自律論強調一個事實，那就是藝術品雖然是人造的，卻能夠建立自己的關係網絡（客180）。同時從演化的觀點看，藝術創作似乎從一開始就自律地脫離了求生的目的，而表現出人類獨特的審美態度（客253）。波普的客觀美學認為藝術品像科學理論一樣，是必須放在世界三之內考察的，所以他反對藝術上的表現主義、進步主義、歷史主義和現代主義（傳53-72），並對藝術作品及創作過程，盡量給以客觀性解釋。藝術就像科學，能在人心上產生互動與回饋（傳62），而創作亦如同認知，可以經由試誤法找到

相互主觀或客觀的標準（客253-4；傳67）。因為
在波普的心目中，藝術與科學有不少共通之處，
所以我於論及他的知識學時，兼談他的藝術觀，
二者的通透照會，則在自律論中最顯見。

　　在波普哲學中，世界三自律是一個很容易引
起爭議的概念，它一方面具有柏拉圖理型論的特
色，一方面又有亞里斯多德潛能實現說的影子
（客116），但波普哲學與傳統哲學畢竟只有類比
的關聯。如今我們若要理解波普這方面的見解，
與其追究它的形上學淵源和義理，倒不如落實它
的方法學態度和精神。雖然波普的知識學有方法
學和形上學兩種不同層次的取向，而自律論又歸
於後者，但這兩種取向並非截然二分，它們無寧
是彼此通透的一體知識學之二面相。

　　本乎此，我乃仿波普使用「方法學唯名論」
一詞的作法（歷29），希望強調他的「方法學自
律論」，即是：以理性批判的態度，把握住科學
以及藝術的相互主觀性或客觀性。世界三自律的
概念，縱使在形上學中可能流於抽象神秘，但在
方法學上不過意味：有一個部分自律的世界三，

它是御人而非御於人的。世界三是人心的標竿，
透過它，我們才得充分發揮自身的理性、批判和
自我批判的思考與行動（傳196）。

　　波普的知識學是完全落於「此岸」的，他
說：

> 雖然我們對於自己所存活的這個唯一的世
> 界，永遠也不可能知悉窮盡，但是我們的
> 科學知識卻希望一點一滴地揭示它。令人
> 驚異的是，它的確做到了。在此意義下，
> 我們的知識所關注的，只是這個獨特的世
> 界，而非其他世界。（宇48）

藉著否證論、易誤論、演化論和自律論對知識本
然的層層廓清，科學知識對世界真相的揭示得以
逐步益證（corroboration）（科268-9）。當他透過
知識把人類安頓在這個具有時空的世間後，便超
越康德，要求我們做出當下的道德判斷（宇48-
9）。

第四章
倫理學

　　波普視知識學爲哲學的核心，並相信它對倫理學具有決定性的影響力。當我們面對一種比較抽象的事物要作成道德抉擇時，透過論證仔細分析各種經由我們的選擇所產生的結果，在波普看來是大有幫助的（開下232）。他站在理性論的立場，強調對道德理論作理性和想像的分析，是與科學方法有某些類比關係。科學理論的取捨，靠實驗結果來決定；道德理論的取捨，雖靠良心裁奪，但是對結果加以分析，往往可以影響我們的決定（開下233）。

　　如果說波普的形上學主要在處理宇宙問題，那麼他的倫理學就偏重對人生問題的考察，至於知識學則像一道橋樑，促使彼此的溝通成爲可能。我認爲波普的形上學、知識學、倫理學是一系整體連續統；說它們是一體的，並不表示可以相互化約。事實上，它們各有自己關注的課題；也就是說，它們從不同的焦點觀解不同的問題。在前兩章內，我嘗試勾勒出波普的宇宙問題，也就是理解這個世界的問題；我們自己和我們的知識，都在這個世界當中（科15）。進入本章後，

我們乃面臨另一層次的問題，它牽涉到道德抉擇
和價值判斷的人生問題。

　　波普對「世界」和「道德」這兩個不同層次
的問題，作出了清楚的分判，更堅持對它們樹立
一套「事實」與「決定」二元論（開上63）。事
實與決定二元論是一種約定論（開上59-61），這
是波普知識學過渡到倫理學的關鍵，由此開出他
的倫理學重要主張，包括個體論、自由論和人本
論。他透過約定論，爲「規範法則」保留了餘地
（開上57-9），如此可以合理地用個體論反對集體
論（開上99-106），取自由論而揚棄社會主義（訪
1972：13），然後在自由論的基石──人類易誤
論上，楬櫫人本論的大纛（臆16-7）。我將順著這
個脈絡，分析探討他的倫理學。

一、約定論

　　約定論最常見的形式是來自潘加列的論點，

他認爲科學理論並非被動接受的經驗之概要，而是人們爲了對自然作出最簡單、最方便解釋的自由創作。這種論點把對任何一種現象的不同解釋理論都看做是等值的，科學家基於簡單、方便而非眞實性，共同約定以取捨理論。波普反對這種「物理約定論」，因爲它具有一元論傾向，也就是把自然法則解釋爲社會約定的（開上237），不過他卻十分欣賞物理約定論在釐清理論與實驗之間關係上的貢獻（科80）。波普的倫理約定論之特色，就在此一釐清功夫上，他要釐清的是「自然法則」和「規範法則」的區別（開上57）。但是釐清並不夠，重要的是，必須判明它們是不可化約的兩回事。他提倡的是一種事實與規範或決定的二元論，他稱之爲「批判約定論」（開上60）。

波普的批判約定論，對自然法則和規範法則作了清晰的分判與必要的引申：

> 自然法則是無可更改的，我們既不能打破它，也不能強制它。它是超出人的控制以外的，雖然為了技術上的目的，我們可能

利用某自然法則，以及不瞭解它或忽視它
而導致困擾，但我們是不能改變自然法則
的。……一個規範法則，不論它是一法律
的規定，或道德的約束，都可以由人來強
制執行。……它並不描述事實，而是對我
們的行為所下的指導。……這兩種規則，
除了共用「法則」一詞，幾乎沒有其他的
相同之處。

……依人們的決定或約定所強化的規範法
則，和超出人的力量之外的法則是不同
的。……規範和規範的法則，能由人作成
且可由人改變，特別是由一種約定或決
定，來遵守它們或改變它們，因此人對它
們就有一種道德上的責任；……規範雖被
視為約定的，但並不是說它們一定是任意
的，……我們可以將既存的規範法則（或
社會制度），與另一些我們認為值得實現的
標準規範加以比較，不過……我們自己要
為選用了這些標準負責。（開上58-61）

由這長段引文顯見波普認定：一、事實與標準是非常不同的兩件事，必須清楚區別；後來他更強調彼此不可化約（開下383-4）。二、規範雖爲約定的，但並非任意設立，而是以責任與良知制衡；於是他進一步提出了「倫理學自律」的主張（開上65-6），此一概念可溯自蘇格拉底和康德（開下385）。

波普的「倫理約定論」有許多種不同的稱呼，像「批判約定論」、「批判二元論」、「事實與規範二元論」、「事實與決定二元論」、「命題與提議二元論」、「事實與政策二元論」，以及「事實與標準二元論」等；不管名稱爲何，他覺得最重要的乃是二者的不可化約性。事實與標準的不可化約性，造成二者間兩種不對稱關係：一、當我們決定接受某項提議時，我們就創造了相應的標準；但是當我們決定接受某一命題時，我們並未創造相應的事實。二、標準總是要配合事實，而事實則要由標準來評價，其間關係不可隨意逆轉（開下384）。這裏所說的「相應標準」、「事實評價」，都意味著價值的存在。

　　扣緊事實與標準的二元性，波普在他的自傳
最後一節，試圖安頓價值。在這四頁標題爲〈價
值在事實世界中的位置〉的末節中，他舉出「價
值」的來源有二：「生命」和「心智」。隨生命
而來的，是由無意識的問題所創造的價值；隨人
心而來的，則是有意改善前人解決問題不逮之處
所創造的價值。換句話說，價值來自生命體現及
心智傳統，它們均屬於世界三（傳194）。由於世
界三可以部分自律，所以倫理學自律無疑成立，
這說明了倫理學是客觀的；它雖然爲人們所約
定，但絕非主觀隨興所至的產物。

　　總之，約定論無寧是在強調倫理學問題或價
值標準的約定，是經由相互主觀理性討論而來的
（開下383），它的態度與科學及形上學研究相
彷。波普說：

　　我們可以絕對真理也就是「符合事實」這
　　個概念，做為標準界域中的模式，如此我
　　們就更明瞭：既然我們能在事實的界域中
　　「尋找」絕對真的命題，或者至少是逼真的

> 命題，那麼我們也可以在標準的界域中
> 「尋找」絕對正確或有效的提議，或者至少
> 是較好的或較有效的提議。（開下385-6）

這種趨近「眞」和趨近「善」的努力，到後
來便在他的三元世界觀點中得到整合：

> 世界三的最終核心，是問題、理論和批判
> 的世界。雖然價值並不屬於此一核心，但
> 是此一核心卻是受到某些價值支配的；像
> 客觀真理的價值，以及客觀真理成長的價
> 值等。（傳194-5）

他甚至把這些價值，視爲人類知性世界三的最高
價值。

但是整合畢竟不是統一；追求眞理的科學價
值，和諸如像政治、經濟、宗教等科學以外的價
值，必須有所區別（論1977a：96-8）。「價值」
概念在波普哲學中，廣泛使用於形上學、知識學
及倫理學探討之上。在以追求眞理爲鵠的的宇宙
學和探索趨近眞理途徑的方法學之內，不可能是

價值中立的，科學家起碼要有「追求真理的熱情」
才能有所得（論1977a：97）。至於倫理學領域，
價值的崩潰係來自對傳統中社會的道德架構之否
定與破壞（臆351-2）。波普的倫理約定論顯示
出，這些傳統的道德架構，正是人類在歷史上逐
漸約定形成的，它調和了制度與個人意向及評價
（臆351）；個體是不應該為群體所吞噬的。

二、個體論

「個體論」（individualism）必須與「唯我論」
（egoism）有所分判，波普所執持的個體論正好與
唯我論相反，它的基本精神是利他的，照他的說
法是：

> 可以為了幫助其他個體而犧牲自己。（開
> 上100）

傳統的個體論並非憑空出現的，而是對部落主義

的反動。波普指出：

> 個體的解放確實是了不起的精神革命，它
> 使得部落主義瓦解，同時促成民主的興
> 起。（開上101）

民主興起於西方世界並非偶然，其與倫理學
個體論的發展息息相關，波普對這種倫理學「個
體論」的精義，有著扼要的闡述：

> 個體論乃是有關正義的古老直覺概念的一
> 部分，此種正義並非柏拉圖所認為的是國
> 家的健全與和諧，而是某些對待個體的方
> 式，這也正是亞里斯多德所強調的。……
> 這種與利他主義結合的個體論，已經成為
> 我們西方文明的基礎，它乃是基督信仰的
> 中心教訓（《聖經》上說「愛你的鄰人」，
> 而不是「愛你的部落」）；由是而形成發自
> 我們的文明，並刺激其成長的一切倫理學
> 說之核心。例如它也是康德實踐理念的中
> 心（始終認清個人才是目的，不要把別人

當做自己目的裏的手段）。在人類道德發展
上，沒有比這種思想更有力量了。（開上
101-2）

不過波普自己在處理倫理學的個體論時，並不是
採取宗教信仰或道德要求的進路；他無疑是依於
自己的形上學和知識學論點，全面觀照倫理學。

　　從知識學出發，波普以方法學的個體論，來
爲倫理學的個體論奠基。他心目中無懈可擊的方
法學個體論，認爲集體的現象，乃是由個人的行
動、互動、目標、希望、思想，以及由個人所創
造並維繫的傳統所形成（歷157-8）。這裏所使用
的把群體現象歸結到個體活動上加以考察的方
法，他稱之爲「歸零法」。歸零法是一套建構模
式的方法，它假定我們所考察的每個人，都具有
十足的理性和充分的資訊，我們拿這種模式行爲
做爲原點，建構一組座標，以評估人們實際行爲
偏差的程度（歷141）。

　　這套方法指出了自然科學與社會科學在方法
上的最大不同，因爲它必須相信人類會依照理性

行事，但也僅止於此；兩種科學的主要方法仍是
一致的，在波普看來就是假說演繹法（歷131）。
歸零法後來發展擴充為前章所提的情境分析法，
後者雖然主要在考察社會情境，尤其是制度情
境，但終究還是要考慮當事人的理性歸零特質
（傳117-8）。從歸零法到情境分析法，波普取材的
典型都是經濟學；而經濟學正是波普眼中，唯一
足以跟理論自然科學等量齊觀的理論社會科學
（傳121）。方法學個體論在此施展開來，從而擴
充至其他社會科學，如政治學、社會學、心理學
等。

　　有人認為理性的方法學個體論，必然會演成
非理性的方法學心理主義，即把社會理論化約為
心理學（歷157）。波普反對此論點，他早先視心
理學為社會科學的一支（歷158），後來則歸之於
生物學（客24）。由此可見，心理學對波普而言
並非基礎性的學問，生物學才是。生物學對個體
論的貢獻，在於它釐清了「自我」概念，這使我
們從方法學邁入形上學。

　　從形上學出發，波普以生物學的個體論，來

鞏固倫理學個體論，他說：

> 我們可以臆測……，倘若沒有生物學的個
> 體性，則心靈和意識將無從體現。（自
> 113）

這裏明顯表示世界二依於世界一而生。有機體不
斷在進行物質交換的新陳代謝，但仍屬同一個
體。就人而言，我們可以清楚意識到自己的同一
性。波普同意佛洛伊德強調社會經驗對幼兒的重
大影響，而認為自我意識是經由學習得來的（自
109-10）、但是自我認同仍有其生物學上的基礎，
因為意識和理性的演化，絕大部分歸因於有機個
體的生存價值（自114）。

　　個體論在此已將生物學和倫理學銜接在一
道，道德自我的活動來自有機個體及其行為與活
動的單一性。波普說：

> （1）動物這個有機個體是一個單元；（2）
> 行為每一個不同表現，也就是行為內容的
> 各種項目，各成一個單元……；（3）控制

的中心器官必須像一個單元般行動。集合
這三點，使得一個動物成為主動的解決問
題者。（自128）

這是個體行動的生物學考察；為了生存需
要，人類逐漸演化出意識和理性來，終於形成道
德自我。波普指出：

> 一個人是能夠為自己的行動而對別人與自
> 己負責或回應的，他可以說是理性地在行
> 動，他可以被描述為一個道德行為者，一
> 個道德自我。……從道德的觀點考察他的
> 行動，將視其有意的行動目的而定，尤其
> 是從他考慮別人和別人利益的多少而定。
> （自145）

這種利他個體論倫理學，究竟如何與生物學
或演化論形上學銜接在一起？波普的答案是：自
我的狀態與語言的社會特性之間的互動（自
144）。換言之，世界一的有機體，體現了世界二
的意識與心靈，世界二又創造了世界三的文化，

包括價值與制度在內。因為世界三可以回饋世界二並及於世界一,所以推動了演化的運作。這一切都以有機個體為最小單位,並以理性的自我意識或心靈為中介在互動,其工具即語言的論證功能(自122)。

大自然對生命的考驗,在有機個體的生殖上發生作用(自129),此即試誤法之始。而試誤法或易誤論,對任何形式的自由,都有著根本的重要性(臆5:客234)。就倫理學而言,波普非常看重個體自由(臆viii),接下來我就試著分析他那奠基於個體論和易誤論之上的自由論。

三、自由論

波普對「自由」的觀解很簡單,那就是:一個人對個體自主賦與價值,並能察知各種形式權力和權威的固有危險性(臆viii)。他最看重的自由,是思想與討論的自由:

　　思想的自由和自由討論，乃是最終的自由
論價值，這一點實在不必進一步證實。但
是，它們還是可以實用地根據其在追求真
理所扮演的腳色中得到證實。真理並非自
明的，亦非唾手可得，追求真理至少需要
（a）想像力；（b）嘗試錯誤；（c）經由
（a）、（b）以及批判討論逐漸發現我們的
成見。……自由論者並不夢想人們的意見
會完全一致，他只希望眾多意見能夠相互
滋生，以促成概念的成長。（臆352）

由此可見自由論者尊重個人意見，歡迎理性討
論。而在政治領域中，理性討論的傳統，更創造
了公正、講理的政府傳統。這種傳統一旦遭受破
壞，將會導致犬儒主義和虛無主義，使人類價值
土崩瓦解（臆351-2）。

　　波普的倫理學自由論和他的知識學易誤論，
在目標上是一致的，那就是尋求批判性檢驗。在
概念的發展上，後者且為前者的基礎（臆6）。不
過倫理學畢竟是講求實踐的，光靠推理論證，並

不見得會使人信服，於是需要約定；也就是第一
節所討論的，事實與標準的分判約定。約定論對
自由論的貢獻是，它相信人們必須不斷追求更好
的標準，尤其在政治和立法領域裏（開下391-
2）。但是難道倫理學就沒有取法知識學和形上學
之處嗎？也不盡然。因爲波普在這三方面的論點
是連續的，彼此之間有種類比關係存在，所以他
在知識學和形上學之中對自由的看法，足資做爲
倫理學參考。

　　針對科學知識，波普強調思想的自由競爭
（科279）。他甚至於考慮到方法學的社會面相，
而認爲維護這種自由競爭的民主制度，乃是能夠
有效促成科學進步的主要因素（歷154-5）。他就
是拿這種相互主觀的、民主的倫理學知識社會
學，去反對完全主觀的、個人的心理學知識社會
學（歷155-6）。在個人方面，他無寧是強調心智
自由和自我超越的，這份自由與理性討論和批判
思考的知識活動自由相輔相成（實154-5）。

　　自由意志與決定論的問題，是形上學的重要
課題，但是波普卻不願多談。理由是容易陷入字

義之爭的泥淖，所以他轉而談物理決定論。不過
從他的非決定論，我們仍可以獲得對自由概念的
豐富啓示，他說：

> 世界上所有單一事件都是獨特的，從其獨
> 特性上看，它們或許可以稱之為未決定的
> 或「自由的」。就某些事件而言，這種說法
> 似乎有些牽強。但是當人們的性格及行動
> 介入其間，則對我們可能相當重要。（宇
> 106-7）

波普的用意，是想在物理學和宇宙學的考察中，
爲人類自由與創造性留下餘地（宇xxi-xxii）。這
牽涉到他的科學人本論，我將在下節討論，此處
先回到他的倫理學自由論。

　　波普年輕時曾是一名社會主義者，他希望社
會平等與個體自由能夠兼容並蓄，但是理想因爲
馬克斯社會主義在他的母國奧地利所造成悲劇而
幻滅，他乃相信自由較平等來得更重要（傳36；
訪1972：13）。波普認為馬克斯是一個整體論
者，整體論的社會改革以社會或國家整體爲單

位，而忽略個體的實在性（開上80；歷17），這
與波普的個體論不合。

　　為了反對整體論，尤其是馬克斯社會主義大
系統，波普乃站在「個體論」和「自由論」的立
場，倡議一種「逐步的社會工程學」（piecemeal
social engineering）（開下134）。他說：

> 逐步工程的典型進路乃是：雖然他可能會
> 珍惜某些把社會看做是一體的概念，如全
> 面性福利等，但他並不相信把社會整個重
> 新設計的辦法。不論他的目的為何，他總
> 是嘗試以小幅度的調整，以及能夠持續改
> 進的再調整來實現。……逐步工程師像蘇
> 格拉底一樣，深知自己所知有限，唯有從
> 自己的錯誤中才能學到東西。因此他就一
> 步一步地走下去，小心地衡量期待結果和
> 達成結果，並仔細注意是否有一些無可避
> 免但非期望的改革結果出現。他將避免從
> 事太複雜及太廣泛的改革工作，以免無法
> 分清各種原因和結果，而不知道自己到底

在幹什麼。（歷66-7）

由此可見，試誤法或易誤論在倫理學自由論的基礎地位。它無疑可以運用在各種政治活動上，如國家對於經濟的間接干預。總之，逐步社會工程學要求法治而非人治（開下131-3）。法治是爲維護自由，以及保護窮人和弱者的，這正是開放社會的特徵之一，另一特徵則爲自由討論的被允許（訪1972：14）。

波普以自由論摒棄社會主義的烏托邦理想，代之以逐步社會工程學的開放社會理想，其背後必定有一堅實的信念在支撐著，那就是消除具體罪惡和痛苦的人本論。這種以眞實個人爲本位的觀點，要求我們以平等的態度看待每一世代、每一個人，而不允許以一個人的痛苦去換取另一個人的快樂（臆361-2）。它乃是波普倫理學的極致。

四、人本論

　　文藝復興時期以後，一些知識學者如培根
（Francis Bacon, 1561-1626）和笛卡兒，對經院哲
學知識的神性根源，採取了反傳統、反權威的態
度，但是他們卻又分別樹立了感覺與理智的權威
性。他們認為真理是自明的，知識是確定的，這
並不符合人本論的精神（臆15-6）。「人本論」又
稱為「人文主義」，在精神上與宗教信仰相對。
波普心目中的人文主義傳統始自蘇格拉底，在中
世末期有古撒努斯（Nicolaus Cusanus, 1401-1464）
承繼，至近代更有伊拉斯馬斯（Erasmus von
Rotterdam, 1466-1536）、蒙田（Michel de
Montaigne, 1533-1592）、洛克（John Locke, 1632-
1704）、伏爾泰（Voltaire, 1694-1778），現代則有
穆勒、羅素等人屬之，他們的共同精神就是容
忍；容忍別人的愚蠢和錯誤，因為我們都是容易

出錯的（臆16）。

　　知識學易誤論為倫理學人本論開啟了一扇大門，使我們認清自己的命運，創造歷史的意義（開下280）。在人本論的殿堂中，有一位重要的人物，那就是康德。康德藉著他的「哥白尼式革命」，把科學和倫理學都加以人性化。他認為人類是位於宇宙及道德的中心，這可說是人本論的最佳施展（臆181）。雖然康德在他那個時代裏，無可避免地相信牛頓物理學的權威性，但是他還是像蘇格拉底一樣，受到波普的推崇。波普縱使不接受康德訴諸權威的知識學，卻仍對於他的倫理學「自律原則」評價甚高，因為其中對道德抉擇的批判態度，與波普提倡的批判精神很接近（臆26）。這種批判精神通透到倫理學層面所凸顯的科學人本論，值得我們再三推敲。

　　科學人本論把科學視為人類創意和成就之一，它是創造性想像和理性批判思想結合後，最令人驚異的產物，也是最具人性的原創作品，因為它試圖瞭解這個世界和我們自己，並努力解放自己（實259）。波普對此有相當肯定的表示：

> 我相信每一個人在加深瞭解我們自己，以
> 及瞭解我們所居住的世界上所作努力的真
> 正價值。我相信人本論：相信人的理性、
> 人的科學以及其他成就，無論它們是多麼
> 容易出錯。（自VII）

拿這種態度去對待人類知識，則科學和人文學，
在方法和精神上都是相通的（客183-6）。

在倫理學方面，波普更為人本論者有權積極
改善政治、社會事務大聲疾呼：

> 我主張讓那些相信理性、理性論、人道主
> 義、人本論的人，也和相信其他教義的
> 人，同樣有權利為改善人類事務作出貢
> 獻，尤其是在控制國際犯罪及建立和平方
> 面。（開下258）

科學人本論在當代為許多哲學家所信服，如卡納
普（Rudolf Carnap, 1891-1970）即自視為科學人
本論者；但他所觀解的科學，與波普有許多出
入。雖然二人曾在形上學和知識學上有過不少爭

論，然而波普仍相當欣賞卡納普及整個維也納學
圈（Vienna Circle）的科學態度，這也正是他心
目中的理性態度、批判態度與啓蒙態度（傳89-
9）。於是二人在倫理學上，可以科學人本論相呼
應。

波普的倫理學是建立在他的三元世界觀上面
的，由是他反對兩種形上學引申至倫理學中的論
點：1.非物質論〔柏克萊、休謨（David Hume,
1711-1776）、馬赫〕；2.行爲主義物質論〔華生
（John Broadus Watson, 1878-1958）、史金納
（Burrhus Frederic Skinner, 1904-1990）〕。前者
否定物質的實在性，即世界一；後者否定心靈的
存在，即世界二，二者均爲波普所不容。他所執
持的立場正是人本論。在面對個體的苦痛時，他
聲言絕不採取上述兩種在倫理學上有害的作法，
而是當仁不讓。他說：

> 我的動機是不同的，它無法證明、無法推
> 論，它只是人性的彰顯。（論1986：208）

倫理學人本論雖然是一套世界三理論，但是

它的根源卻深植於世界二之中；波普指出，人的
苦痛便屬於世界二。另一方面，那些看重世界一
但能夠自我超越的哲學家，如德謨克利圖斯
（Democritus, 460-370 B. C.）等，也在倫理學人本
論的演化上，扮演了重大且必要的腳色（自5）。
總之，三個世界在波普的倫理學中都是不可或缺
的，它們的聯繫就是人本論。

　　「人本論」可以視之爲波普倫理學的結論，
甚至可以當做他的基本哲學結論，也就是他的形
上學─知識學─倫理學連續統的結論。他是這麼
闡述自己的理念的：

　　因為我們有著不同的信仰，所以可能產生
　　牴觸……和爭論，由此發展出理性批判、
　　合理性標準；有些起初是相互主觀的標
　　準，以及客觀真理的概念。……也就是這
　　些理性批判和客觀真理的標準，使得一個
　　人的知識，結構性地異於他在演化上的祖
　　先……。接受這些標準，便創立了個人尊
　　嚴，更帶給他道德和智識上的責任。這樣

不止會令他行動合理，而且能夠對彼此競
爭的理論多加思索、有所分辨、作成決
定。

這些客觀真理及批判標準，教他再三思
考、再三嘗試，……教他在各種領域中運
用試誤法，尤其是科學。……經由此道，
使人得以超越他的動物性過去，……使心
靈成長並自我超越。如果人本論關切人類
心靈的成長，那麼人本論的傳統，不是批
判的和可講理的傳統，又是什麼？（臆
384）

人本論是演化結果，是批判傳統，也是道德責
任，它涵蓋了整個波普的基本哲學，使其一以貫
之。

結　語

　　雖然波普在當代西方思想界，是以科學哲學家和政治哲學家聞名於世，本書卻嘗試把他當做一位形上學家來研究，這一點其實正是波普自己所強調的。當一位評論者列舉了六項論點，以釐清波普與邏輯實證主義者的歧見時，波普特地加上了一項——「我們如何對待形上學？」他的立場是：

　　我們都是形上學家；而且從歷史上看，科
　　學來自形上學。（答1067）

這是對於由邏輯實證主義而來的「主流觀點」明確有力的反對之聲。

　　波普在當代科學哲學傳統裏，是一位承先啓後的人物，其地位猶如一處轉捩點。他的努力形成一種趨勢，使得科學哲學傳統從邏輯中心過渡到歷史中心。可以想見的是，他的論點在雙方看來，不是過甚便是不及，結果兩邊都不討好。波普其實並未清楚意識到，也不太在意他在科學哲學史中所扮演的腳色，他僅宣稱自己扼殺了邏輯中心學者心目中的理想（傳87-90），並指責歷史

中心學者爲相對主義者（實xxxi-v）。他所堅持的
是問題中心（論1977a：88-98）：我們以理論解
決問題，自有其內在邏輯不能忽視；而理論的成
長發展，又屬歷史性的演化過程。

　　在邏輯與歷史上既無所偏廢，所以無過與不
及，這是他的中庸心態。因此當邏輯實證主義者
用歸納邏輯企圖推翻傳統形上學時，波普就用傳
統的演繹邏輯推翻歸納邏輯實證主義，並重建形
上學。但因爲受到牛頓、康德、達爾文、愛因斯
坦等人的影響，波普把形上學納入人類知識演化
的產物中，以世界三的知識內容，上接世界二心
智活動的演化，和世界一生命現象、質能轉換、
宇宙生成等一系列的演化過程。所以他的形上學
是扣緊經驗科學的；雖然形上學對象無法通過經
驗測試，但並非就「存有」（being）或「物自身」
（thing-in-itself）推理所得到的終極答案，而無寧
是對「表象」背後未知「實界」的暫時性臆測
（實xxv）。

　　波普思想在科學哲學傳統裏算是保守的，但
放在整個西方哲學傳統裏看，又顯得經驗味十

足。縱然他只是拿經驗測試做爲區分科學與非科學的判準，由此肯定形上學是外於經驗的學問，他還是把經驗科學視爲人類知識的最高成就及典型，形上學則成爲科學的過與不及之代表。當然我們不能妄將波普歸於科學主義者，他絕不認爲科學萬能，反而把科學及形上學都看做是臆測性的知識，但是我們也不應忽略他的開放心態實來自「不可知論」（agnosticism）。雖然他只承認自己是宗教上的不可知論者，並宣稱人類在逼近絕對眞理和改善政治環境上不時在進步，但他不是把「眞理」當做語意學概念，就是把美好的政治遠景視爲烏托邦。他在宇宙與人生的道理上，都是一個樂觀的不可知論者。波普追隨康德批判哲學的精神，卻放棄了「實踐理性」的三大要求（postulate），轉而講科學人本論，這無疑又跟邏輯實證主義的人生見解同調了。

做爲一個宇宙存在與人生存在雙方面的樂觀不可知論者，波普反而樂得擺脫掉傳統哲學的束縛，而藉助於經驗科學的成果，充分發揮他的想像臆測工夫，建構起一套驚人的「科學的哲

學」。其中傾向論企圖整合相對論與量子力學，
三元世界互動論執意擴充演化論和神經科學，使
得他的哲學呈現出系統龐大複雜、涉獵廣泛深入
的形象。對波普這種刻意經營自己的理念世界，
以及過分強調人類理性功能的作法，自然會招惹
別人的攻訐，於是有人稱他為「浪漫主義式的理
性論者」或「非理性主義者」，甚至是「譁眾取
寵的哲學家」。不過無可否認的，以「審視傳
統、解決問題」為其哲學主要課題的波普，在他
七十多年的學術生涯中，也的確開創了一個足以
稱為「波普主義」及「波普學派」的傳統，而成
為後學者關注的問題。

　　波普哲學的意義，並不在於他對宇宙與人生
作了多少臆測，而在於他把許多有關宇宙與人生
的問題作了有效的釐清，使得後人的想像力得以
盡情馳騁而不致迷失。本篇是對波普基本哲學思
想全盤把握的初步嘗試，我追隨他對傳統哲學問
題進行澄清的方法與態度，展開對他的基本哲學
之脈絡釐清及系統化重建。我從波普的常識實在
論談起，到他的科學人本論告一段落，希望凸顯

他那一以貫之的開放哲學理路和批判治學精神，
從而使得我自己的認知領域與生命情調能夠更上
層樓，豁然開朗。

第二篇

波普的哲學

引 言

「宇宙」與「人生」的問題，不但是哲學家關心的課題，也是一般人最容易感到興趣的哲學問題。當代中國哲學家唐君毅（1909-1978）曾說：

> 據我多年的經驗，一般青年學生，一般社會上的人，所易感到之哲學問題，仍是如何從自然宇宙，去看人之生命心靈之地位價值，以定其人生文化理想的問題。人如此去想，易有常識、一般科學知識與流行的哲學意見作憑藉。（唐君毅，1975：自序1）

他並不太贊成哲學從宇宙講到人生，認為這是「最彎曲的路」，而倒過來講，才能「直透本原」。

乍看之下，波普似乎步上了唐君毅認為的最

彎曲的路，也就是藉重常識、一般科學知識與流
行哲學意見，而從自然宇宙去看人生價值。事實
上，波普在治學時，也的確相當強調和倚重常
識、科學知識與傳統哲學，尤其是科學。但是他
這樣做，無疑是經過一番深思熟慮的。他發現：

> 科學當中有一種危險的成分，它可能會使
> 得人生在我們看來稀鬆平常。其實人生根
> 本是一場奮力鬥掙扎，它並非光是自作主
> 張，而是在我們的生活中實現某些價值。
> ……人生的真義理當是克服困難。沒有障
> 礙可供跨越的人生，就跟充滿無法跨越障
> 礙的人生一樣糟糕。（自558）

如果波普真的走上一條最彎曲的路，他也會認為
那是一場挑戰，而堅決地走下去。因為他把科學
和哲學研究、把追求真理當做人生的主調；因為
人生就是解決問題和發現新的事實、新的可能性
（客148）。波普不但從宇宙看人生，更奉獻了自
己的一生去洞悉宇宙、詮釋人生。他是以世界三
經驗自我之建立，來進行主動的評價與行動（自

146-7）。

　　總之，波普做爲一位哲學家，在宇宙與人生兩面的把握上，都不曾有所偏廢。他把二者看做一體的連續統，由於治學的嚴謹，所以在面對此一連續統時，自任一點契入，都能夠透過眞知灼見，漸達高明，終於通貫全體。波普在他的治學晚期，揭示了三元世界的演化及互動，以彰顯哲學中眞理、理性、實在的絕對價值。由於他對眞理的執著、對理性的要求、對實在的肯定，使他不但被世人公認是傑出的科學哲學家及政治哲學家，生前更曾經被視爲「在世通人」（living philosopher）。波普的形上學、知識學、倫理學等基本哲學論點，大多爲科學事實和道德標準的引申，他由此樹立了一套對宇宙與人生的觀解。此種觀解深具傳統哲學性格，我稱之爲波普的「唯實哲學」（realistic philosophy），它的主題包括眞理、理性和實在，本篇即是據此所作的分析。

第五章
眞理觀

一、符合論

　　波普的治學途徑是問題取向的，考察哲學的
方式是回到問題的根源上去，以此爲起點，重新
面對問題（科13）。他對眞理的看法正是如此。
他說：

> 我贊成古代的眞理理論，這個理論在色諾
> 芬斯、德謨克利圖斯、柏拉圖的學說中已
> 經夠淸楚了，在亞里斯多德則是完全淸楚
> 的。根據此一理論，眞理乃是同意被明白
> 說出來的事實。（實xxxi）

於此所指眞理是一種性質、一種狀態，這種性質
和狀態是客觀而且絕對的（傳143）。波普早年對
此確有所悟，但並未充分道出，直到他發現數學
家塔斯基（Alfred Tarski, 1902-1983）已經用一套
極有效的方式說明眞理，才放心地堅持下去。波

普說：

> 塔斯基的真理概念，正是亞里斯多德和大
> 多數人（除了實用論者）心目中的概念，
> 這個概念指出：真理就是與事實（或實在）
> 相符。……塔斯基的教訓，使我不再猶豫
> 言及「真」、「偽」。就像別人（除了實用
> 論者）的觀點那樣，我的觀點當然可被視
> 為與塔斯基的絕對真理理論一致。（科
> 274）

波普把塔斯基的眞理「符合理論」
（correspondence theory），看做是有關眞理的常識
概念（傳98）。更要緊的是，它是對希臘傳統中
符合說的復興與現代化。其最大成就爲，避免在
言及眞理時碰上弔詭，這唯有借助於現代語言學
始能實現（客316）。究竟波普所倚重的塔斯基眞
理符合論爲何？波普做了很清楚的說明：

> 如果我想要言及一個述句S和一件事實F之
> 間的相符應，我必須使用一種語言能兼顧

二者；在這種語言中，我可以說：如S的述句和如F的事宜。這看起來很平常，但卻深具決定性。這意味我們所用以解釋符應關係的語言，必須能夠既指涉述句，又描述事實。如果我使用這種同時處理二者的語言，……這種「後設」語言，我就可以毫無困難地言及述句與事實相符應。（客134）

舉例來說，一組英文單字 "Grass is green" 構成一條英文述句，我們把這條述句當做「對象語言」，那麼中文就可視爲「後設語言」；要使言實相符，我們只消說：「若且唯若草是綠的，則英文述句 "Grass is green" 與事實相符。」雖然「草是綠的」此一事實用的是後設語言表達，但它並不像英文對象語言是語言問題，而是眞實世界的事物。引號裏的後設語言，既指涉了英文述句，又描述了世界眞相，並謂二者相符。這種用法很多人都會用，的確顯示出眞理常識概念的特性。

　　符合論強調眞理的客觀性與絕對性，就必須
足以排除反論，也就是駁斥主觀主義和相對主
義。主觀主義認爲知識來自信念，眞理需要一種
特殊信念，也就是需要某些有效判準（臆225）。
波普把這套眞理訴諸信念的觀點，歸於傳統的眞
理「貼合理論」（coherence theory）。貼合理論一
來把眞理貼合於信念，二來把眞理貼合於成見，
如此令心理學混淆在理則學之中，正是主觀主義
的弱點（客308-9）。至於要求有效判準，他更斥
之爲「判準哲學」：因爲判準要求通常都無法實
現，容易導致失望，而陷入相對主義或懷疑主義
當中（開下373）。「眞理」概念跟「可演繹性」
概念類似，在個別應用上並無普遍判準可循（客
320）。波普指出，康德以降這已成爲大多數哲學
家的共識，而塔斯基的理論甚至可對此提出證明
（答1105）。

　　總之，主觀貼合論在客觀符合論者的眼中，
是難以企及眞理的。因爲前者視眞理的根源在人
們的信念之中，只要通過一些判準的檢驗，我們
就可以信服及接受自己的信念爲眞。但是客觀論

卻主張，即使所有人都不相信一個理論為真，即使我們沒有任何理由認為一個理論為真，它仍然可能是真理（臆225）。由此可見，真理是屬於部分自律世界三的，而非主觀世界二的。

分析到這裏，我必須立刻指出，對應於英文"truth"這個字眼的中文「真理」，在波普行文中有兩層意思：形上學的與知識學的。他的形上學近於宇宙學而遠於存有學，知識學則近於方法學而遠於心理學。因此波普言及「真理」，可以是常識實在論的「與事實相符」或「與實在相符」（客329），也可以是否證論的「判定一個述句為偽，即等於判定其否定述句為真」（客13）。客觀符合論所把握的真理，正兼具形上學和知識學性質：真理與實在彼此符應，真理也是理論的邏輯性質。這點我在本章第三節還會深入討論。

符合論除了指出真理的客觀性外，還主張它的絕對性。相對主義正好相反，相對主義認為競爭理論之間的選擇是隨意的，因為無所謂客觀真理這回事。即使有，理論之間也未見程度之分；兩、三個理論間，根本無法判定孰優孰劣（開下

369）。波普把許多流行論點視爲相對主義，如前述的貼合理論，以及另外一種有關眞理的主要理論——實用主義，後者主張我們以有用或成功運用，爲接受一個理論的條件（客309）。其他還有知識社會學（開下221；論1977b：95）和孔恩的學說（論1977a：56；實xxxi）。孔恩對別人稱他爲相對主義者早有答辯，波普過了十幾年卻仍以此非難孔恩。當年兩派之間的爭論，曾經成爲科學哲學界矚目的焦點。

在波普這方面，堅持絕對論的理由有形上學的，也有知識學的。自形上學看，眞理概念主要扮演的是一種規則理念（regulative idea）的腳色，它讓我們在追求眞理的過程中，知道有眞理或符合事實這回事，這與實在論的觀點吻合（客318）。此一規則理念乃是一種難以企及的標準；依符合論解釋，自古至今變遷的並非有關「眞理」的理念，而是有關「認識眞理」的理念（實26）。換言之，眞理的形上學絕對性永恆不變，但可望而不可即；而知識學絕對性，卻隨著時代而進步（臆174）。

　　波普指出，如果少了眞理的規則理念，則易
誤論的方法學理念就難以理解了（論1977b：
99），因爲找出錯誤並加以消除的目的，正是爲
了趨近眞理（臆229）。絕對符合論強調的是眞理
的絕對性，即與事實相符；而非人的絕對性，即
獨斷與權威主義（開下377）。這既是世界中的絕
對，也是邏輯上的絕對（論1977a：56）。接下去
我就要以兩節的篇幅，分別討論波普心目中眞理
與世界，以及眞理與邏輯的關係。

二、世界論

　　雖然眞理可望而不可即，但藉著錯誤的被揭
示，卻讓人更肯定它的存在。易誤論與符合論在
此乃是相輔相成的，這在前節已有所分析。然而
我們的目的並不止於「草是綠的」、「二加二等
於四」這些簡單的事實或眞理，而是一些有趣味
的、難以把握的、新的眞理。我們要問題的解

答，這就牽涉到科學了（臆229-30）。眞理即是符
合事實，事實並非語言的，它屬於眞實世界（客
315）。眞實世界是無數邏輯可能世界中，唯一被
經驗科學所呈現者，這也正是我們身處的經驗世
界（科39）。波普雖然強調有眞理，但是他眞正
關心的卻是這個經驗世界，以及用以揭示經驗世
界奧秘的科學理論。他說：

> 自然科學與自然哲學最重大的工作，乃是
> 繪製一幅貼切的、一目了然的宇宙圖像。
> 整個科學就是宇宙學，所有的知識文明都
> 在嘗試瞭解我們所居住的這個世界；我們
> 自己和我們的知識，都是這個世界的一部
> 分。在這種瞭解世界的努力中，物理科學
> 因為巧妙結合了思辨性的創意與經驗上的
> 開放，而變得無比重要。（量1）

　　波普的眞實世界論，可說是他的眞理符合論
之落實；落實到人間、到我們的經驗上來。因此
他的世界論或世界觀，可以視爲他的自然觀、科
學觀，尤其是物理科學觀。波普的眞實世界論透

顯出一種對世界的信念,他毫不猶豫地表示:

> 我的確相信在我們目前的物理學系統中,
> 至少有某些定律是真的。(實72)

他很清楚這層信念只是一種心理建設,而非方法
預設,因此他乃歸之於形上學而非知識學:

> 對這種信念的最佳瞭解與評估之道,就是
> 視其為對於世界結構的形上臆測。(實75)

他甚至指出此一形上臆測已達存有學層面:

> 就方法學來說,無論如何是不必有變化
> 的。變化完全發生在存有學、形上學層
> 面。可以這樣說:如果我們臆測a為一條自
> 然律,則我們便是臆測a表現了我們這個世
> 界的結構性質;該性質使得某些邏輯上可
> 能的單一事件或某種事物狀態不致發生。
> (科432)

變與不變的關係,正反映了經驗科學及形上學與
理則學之間的關係:

> 自然律雖然與單一事件比起來有其必要，
> 但與邏輯恆眞性比起來卻是可有可無的。
> 因為邏輯上可能有許多結構不同的世界，
> 這些世界各有其不同的自然律。（科430）

不過要注意的是，自然律之於邏輯可能雖說可改變，但是一旦我們把問題落實到「這個唯一的眞實經驗世界」來，言及自然律就必須假定其中有一不變的規律。而規律意味著不變性；會產生變化即非規律，就不能稱之爲自然律。既然人經常出錯，因此傳統自然律也就經常遭到駁斥（臆56-7）。在哲學上，「變化問題」與「一多問題」是緊密相聯的，波普深明此中道理，乃將人的易誤性、規律的不變性，以及自然法則的可駁斥性，用演化論巧妙地銜接在一道，具體呈現了他的科學進步觀。

波普的「眞實世界論」，肯定了經驗科學所呈現的唯一世界。人類在面對此一世界時，先天上就會期待發現一套規律，他說：

> 我們擁有與生俱來的期望，這些先天「知

識」雖非先驗有效，卻是心理上地或遺傳
上地先驗，也就是說：先行於所有觀察經
驗。其中最重要的一種期望，乃是期望發
現規律性。這跟找尋規則的先天傾向，或
與發現規則的需要有關。……期待發現規
則不止是心理上的先驗，也是邏輯上地先
驗，……但非先驗有效，因為它會出錯。
……我們找尋規則的傾向，以及把定律強
加於自然之上，導致獨斷思考……或獨斷
行為。……這種獨斷多少有其必要，因為
有時候情形是，我們非得對這個世界進行
臆測不可。尤有甚者，這種獨斷讓我們能
夠以漸進的方式，階段式地促成一個好的
理論。如果我們太容易認錯，就不容易發
現自己已經離正確不遠了。（臆47-9）

　　相較於他自己的方法批判態度，波普其實很
看重形上獨斷態度。他甚至認為二者皆透顯出個
人信念，只是程度上有弱有強而已（臆49）。有
限度的獨斷乃科學進步所必須，因為其中包含了

對眞理的擇善固執（論1975：86-7）。科學何所
爲？波普告訴我們，科學的主要目的，就是透過
解釋以瞭解這個世界（答1092）。這就表示了臆
測的重要。人類一方面天生容易出錯，一方面又
天生要追求不變的規律。臆測與駁斥的嘗試錯誤
歷程，反映在人們的獨斷和批判交織的態度上，
促成了科學知識的日益進步，以及世界眞相的逐
漸揭露。這一切都是演化的；將波普的世界論與
演化論整合，人類的存在處境自然彰顯出來。

　　當我們言及人類先天追求規則，由是發現許
多自然定律，進而促使科學成長、世界朗現，這
一切過程都是演化的時候，並不表示演化也是自
然定律之一。波普指出：

　　無論是在生物學或是在社會學上，以演化
　　的方式找尋「不變的秩序」的律則，都不
　　可能發生在科學方法的範圍裏。我的理由
　　很簡單：地球上生命的演化，或是人類社
　　會的演化，乃是無與倫比的（unique）歷
　　史進程。……描述這項進程的並非律則，

> 而是單一歷史述句。普遍定律對某些不變
> 的秩序，也就是某種整體進程有所說明。
> ⋯⋯但是我們如果受限，以致始終只能觀
> 察到獨一無二的進程，我們就不能寄望測
> 試普遍假說，或發現能為科學所接受的自
> 然律。觀察獨特的進程，無法讓我們預見
> 它的發展。（歷108-9）

由於我們面對的是唯一的經驗世界，經歷的是唯
一的歷史進程，我們只能臆測地解釋說：自然律
所運作的世界是演化的，追求自然律所建構的科
學知識是演化的；我們並不能反過來用知識學、
方法學去樹立演化定律。

　　總之，人類在這個真實世界中的處境，只能
形上地臆測、獨斷地堅持。但是波普又不似存在
主義者那般，強調個人與世界之間的張力（臆
363）。以真理為指標、科學知識為橋樑，秉持理
性作風和批判態度，人類在逐漸瞭解世界的過程
中，與世界的關係日趨和諧而非疏離，這是波普
的樂觀論（臆364-76）。為促成科學進步、社會進

步，我們需要實驗否證、理性批判。要講理才能
接近眞理，可見邏輯與眞理密不可分。

三、邏輯論

　　波普心目中的理則學就是演繹法，就是形式
邏輯。他的「邏輯論」如下：

> 在科學中我們用理論工作，也就是說，用
> 演繹系統工作。這有兩個理由：第一，一
> 個理論或演繹系統乃是試圖去解釋；亦即
> 試圖解決科學問題——有關解釋的問題。
> 第二，理論或演繹系統可以經由其結論作
> 成理性批判。……形式邏輯因此成為批判
> 的思維工具（organon）。（論1977b：99）

而科學理論正是捕捉眞實世界、逼近眞理的網
（宇42），只有撒網的人才有所得（科11）。當然
波普知道科學理論不只牽涉理則學面相，更有其

經驗事實（科50），它們分屬世界三和世界一，並經由世界二人心互動（自75-81）。不過當我們討論到邏輯和真理的關係時，必須認清這些關係只能在抽象世界三的內容間方能成立。波普把這層關係作了很扼要的解說：

> 我把理則學看做演繹法或可推論性的理論，它根本上涉及到真值的傳遞及偽值的反傳遞。也就是說：在一個有效推論裏，真值是從前提傳到結論中，這尤其可用於「證明」上；而偽值則從結論至少反傳至一個前提中，也就是用於反證或駁斥，尤其是在批判討論上面。（客304）

我在第一節曾強調，波普所說的真理，乃兼具形上學和知識學性質，這形成了他對理則學執持實在論觀點，他解釋道：

> 首先，我視理則學為部分關聯於自然科學的方法學；對此我認為是一種實在性的活動。其次，也是很特別的一點，也就是我

　　把邏輯推論視為真值傳遞或偽值反傳遞；
　　這點關聯於真理的概念。……真理乃是簡
　　單地與事實相符。（客307-8）

因為理則學既關聯於真理概念，又部分關聯於自
然科學方法學，所以它不能是自由選擇或約定
的，更不能視為觀念遊戲，否則就沒有批判討論
可言了（客304-5）。當今科學哲學多談確證，波
普認為確證必須預設歸納推論，而歸納法自休謨
起便爭論不休，他寧取只涉及恆真的真偽值傳遞
的否證法，以求合乎演繹有效，避免爭議（科
42）。總之，真理當前，理性掛帥，波普是無論
如何也不肯放棄演繹法這種古典理則學的唯一有
效性了（科265）。

　　波普的恆真邏輯論，藉著和真理的關涉，便
跟實在論產生了聯繫。但是僅屬於世界三的純粹
邏輯界域，畢竟同包容全部三元世界的實在界域
有所出入。尤其是人們所習知的物理、生物世界
一和心理世界二，又如何與邏輯世界三相呼應
呢？波普大膽臆測：凡在理則學為真者，在心理

學亦爲眞（客6）。他把這種有關認知心理學的啓
發性原則，稱之爲「轉移原則」（principle of
transference），並用以表明自己取理則學、方法學
而捨心理學的立場（客24）。到後來他更把此一
原則深化到生物學上去：

> 我認爲邏輯推理爲眞者，在有機體亦確實
> 爲眞；這包括它的神經系統以及它的心理
> 學。（自435）

　　他這般堅持理則學的優位性，是因爲他肯定
客觀邏輯推理的研究，遠超過主觀思維歷程的研
究（傳77）。在此我必須立刻強調：波普看輕心
理學並不表示他忽視心靈，相反地，他十分重視
心靈或自我之於身體的主使及舵手地位，這可從
他的一部書《自我及其頭腦》名稱上看出（自
120）。波普的主要用心，是不使心理學跟理則學
混淆，是要使三元世界盡量明確劃分（傳180-
1）。他重視心靈有其倫理學上的必要，因爲否認
世界二等於無視人類的苦難；但是不信任心理學
卻是基於知識學的考慮，因爲心理學有待一場革

命性的轉變，以結合理則學與生物學，成爲一門
客觀學問（客156）。

　　波普此種心態，最早反映在他區分科學與非
科學的努力上，而這正基於他的擁護演繹法、否
證法，反對歸納法、實證法立場（科34）。有時
我們不禁要問：波普強烈要求劃清界限所爲何
來？他的答覆是：

> 我只希望爲我心目中的人類以及他們的活
> 動，畫出一幅簡單的圖像來。這幅圖像或
> 將失之過簡。我心目中的人類是具有大膽
> 理念，又能對自己的理念從事高度批判的
> 人；他們藉由發現自己的理念是否可能出
> 錯，來反映其正確。他們的作風是大膽臆
> 測，同時嚴謹地駁斥自己的臆測。我就科
> 學與非科學之間的區分判準，乃是對這幅
> 圖像的簡單邏輯分析。（答978）

恆眞邏輯論緊握住眞理概念，對人類存在處境作
了如是理想構圖：一個具有科學精神的人，懷著
開放的心胸，在追求眞理的道路上勇往直前。波

普承認他這種理想帶有英雄主義和浪漫主義色彩
（答977），但他也肯定這正是人生的眞義（客
148）。

　　人生是不斷地解決問題，不斷地用我們的想
像力發現新的事實、新的可能性，也就是透過理
論不斷趨近眞理（客148）。但是人們用理論工
作，並非立於堅實的基礎上，而是像在泥淖裏打
地樁，打下去可以暫時撐得住上面的結構，這種
理論就管用，否則只有繼續打（科111）。波普這
樣地類比，至少有兩項理由：第一，眞理爲規則
理念，故沒有判準可循（客318）；第二，因爲
第一項的緣故，所以我們永遠可以追問「爲什
麼」，這顯示出學無止境（傳130-1）。尤其要緊的
是，波普堅持一種「爲而不有」的態度：

　　我們找尋眞理，但我們並未擁有它。（客47）

因爲眞理屬於規則理念，任何聲稱擁有絕對眞
理、終極詮釋的人，在波普眼中就是應該大力反
對的本質主義者（自172）。

　　現在問題來了：理則學究竟在這種爲而不有

的活動中，扮演什麼腳色呢？答案是：以世界三
的純粹邏輯中效標準，去駁斥泛意識型態相對主
義；後者認爲包括科學在內的所有論證，均屬於
意識型態（自81）。當然相對主義不見得全都如
此激烈，但是以恆眞邏輯論去鞏固眞理的客觀
性、絕對性，卻是十分有力的。波普爲了使自己
站得住腳，自然會取理則學最強的形式，也就是
演繹法或古典二值理則學，而非容易引起爭論的
歸納法及其他較弱形式的理則學（客305）。一旦
演繹法在握，科學目標在望，我們就足以逼近眞
理了。

四、逼眞論

　　既然眞理只是一種規則理念，遙不可及，我
們到底能夠做什麼呢？我們所能做的只是「爲而
不有」，但在這同時，我們得到進步。波普說：

　　雖然在科學中，我們盡其所能去發現真

理，但是我們卻都意識到一椿事實，那就
是我們永遠無法確定自己已經達到目的。
從過去許多令人失望的經驗中，我們學會
不要寄望得到最終真理。再者我們也不要
對自己的科學理論被推翻而感到失望，因
為在大多數情況中，我們只能以相當的自
信，去決定任何兩個競爭理論的優劣。我
們將知道自己在進步，也正是這一點，補
償了我們對終極性及確定性夢想的幻滅。
（開下12）

有進步意味著我們正在朝向真理逼近。而一
個理論是否近似真理，也有程度之分，波普稱之
為「逼真度」（degree of verisimilitude）（實58）。
因為世界是獨一無二的，即使我們深掘其奧秘，
而僥倖發現真理，我們也不可能確知此事。我們
所能做的，只是用較普遍的理論去描述這個世
界，一步步擴充理論的普遍層次和近似真理的層
次，以求得對世界較高程度的解釋（宇45-6）。

波普的「逼真論」可以這樣理解：最大逼真

度乃是與所有事實相符。他提醒我們：逼真或近似真理的理念，也和客觀或絕對真理的理念一般，具有客觀及理想或規則特性；它們是語意學概念，而非知識學概念（臆234）。但這並無妨我們從形上學及知識學角度去觀解它們。就形上學言，「逼真」概念在遠古時代就與「可能」概念相混淆，波普釐清了它們的異同：

> 二者均與真理概念密切相關，也都引進了
> 按程度趨近真理的概念。但是邏輯機率以
> 漸次縮小資訊內容，來表示趨近邏輯確定
> 性或恆真性的概念。另一方面，逼真則表
> 示趨近內容豐富的真理的概念。換言之，
> 逼真結合了真理與內容，而機率卻結合了
> 真理與內容之匱乏。（臆237）

此地所提到的「內容」，指的是理論的邏輯或經驗內容。科學理論內容的估計，與可測試性的估計相同。把「真理」概念同「內容」概念合而為一，就成為「逼真度」概念，這可以使「科學進步」概念大放光芒（臆231-3）。

「科學進步」意指朝向於具有較多趣味、較少平常、較少「可能」的理論進步（臆236）。在眾多人類活動中，波普對科學另眼相看。他說：

> 科學是極少數人類活動之一，也許是唯一有系統地對錯誤進行批判，且經常適時加以修正的活動。這也就是為什麼我們可以說：在科學中，我們經常從錯誤中學習；而且我們也能夠清楚明白地宣稱有所進步。在其他大部分人類的努力上，有的是變遷，但鮮見有進步。（臆213-7）

在與科學社會學或他眼中的相對主義者爭論時，他更堅持科學進步是唯一真正的進步。「科學知識」的目的，是增加理論的真實內容，是在逼近真理（論1977a：57）。

總之，波普用逼真論凸顯出科學在人生中的地位，不但自然科學以追求真理為目的，改善人群關係的社會科學也是一樣（臆235），這一切正符合他的科學人本論精神。而回到形上學來考察，逼真論肯定科學進步，更是站在實在論立

場，呈現本質主義在追求眞理時著眼於定義的缺
失，實證主義於此亦犯了看重機率的偏差（臆
402）。

　　從知識學的角度看，逼眞論必須先做到區別
客觀的「逼眞度」概念，和主觀的「可信度」概
念。波普指出：

　　實在論意義下的眞理；也就是客觀或絕對
　　眞理，和主觀主義意義下的眞理；也就是
　　我（或我們）「相信」的眞理，二者之間危
　　險的混淆或混亂必須清除。這種區別有其
　　基本重要性，尤其是對於知識理論。唯一
　　重要的知識問題，是關於客觀意義下眞理
　　的問題。……主觀信念的理論完全無關於
　　哲學知識理論。……做為一種客觀概念的
　　逼眞，必須嚴格地與所有的主觀概念，如
　　相信程度、信服程度、確信程度，或外表
　　眞實程度、似乎眞實程度、可能程度等加
　　以區別。……它也必須嚴格地同益證度加
　　以區別；雖然後者是個客觀概念，但理論

> 逼真度……是沒有時間性的，……而理論
> 益證度根本上依於時間，……它根本是一
> 種歷史概念。（臆402）

益證同否證一樣，是個知識學問題：由於它牽涉到理性，我將在下章討論。在此我們只需認清逼真論對知識學的重要性：它廓清了真理概念的主觀混淆。長久以來的混淆已形成傳統，這多少就是一部知識學史（臆402）。當我們對此有所澄清後，就可以理直氣壯地言及理論在近似真理程度上的優劣，波普認為這是自然科學方法學主要且不可或缺的部分（客335）。

由於真理和逼真概念常常被哲學家直觀地使用，所以相對地也會產生懷疑主義。波普為了減輕人們的疑心，拿出了他的利器——演繹法，為逼真論引進了一套邏輯概念。這套概念是由兩個概念所組成：「真理」概念和「述句的邏輯內容」概念（客47）。逼真的邏輯概念可以簡單說明如下：每個述句都有其內容，而每一內容都包含著所有具真值結論的類所組成的次內容，這種屬於

全部真值述句又不具有恆真性的類，可以稱爲述
句的真內容。恆真式的真內容爲零，各種帶有真
值、僞值的述句，其真內容均非零。由是一個述
句的逼真，就得以解釋爲真內容的增加與僞內容
的減少（客48）。波普強調逼真度獨立於述句或
理論真僞值之外，因此不會產生多值理則學（臆
233）。這便確保了二值形式理則學在科學理論中
的地位，也使得理則學的實在論觀點，能夠同真
理、逼真等語意學概念，作成巧妙的結合。

　　逼真論的邏輯概念一旦確立，一方面發揮了
實在論精神，一方面也爲科學方法奠定了邏輯基
礎，令邏輯演繹法和經驗試誤法銜接在一道。臆
測與駁斥的目的，就是求取較大逼真度（客
53）。雖然逼真度和益證度、邏輯機率一樣，在
零與一之間，是無法定量決定的，它們只能定性
地或邏輯地比較（客59），但逼真卻比真理更適
於做爲自然科學的目標。因爲逼真的估計，並非
如機率的估算訴諸內容的匱乏，而是以「整個真
理」爲進路，所以是相當實際的（客334）。

　　逼真度不是歷史概念，然而逼真論卻屬歷史

洞見（訪1971b：77），它把相關問題相對化，或
納入歷史性問題情境中（客372），但絕非相對主
義。這無寧是實在論的態度，也就是主張：

> 不但有一個真實世界，而且這個世界完全
> 近乎當代理論所描述者。（答1192）

以實在論觀點考察人類的問題情境史，跟以逼真
論觀點討論科學知識的成長，可以相互呼應（答
1101）。而知識的成長乃是不斷地修正既有知
識，也就是站在當下被認可的背景知識上，尋求
突破與創新。如此不斷地回溯，自然會回到與生
俱來的主觀素質（disposition）和期望中，這已是
演化論的題材了（客71）。

　　總之，逼真論是用逼真的論點，去說明理論
競爭與科學進步；而我們又必須站在實在論立
場，方能正確理解逼真論的運作。它的演化根
源，使得人生中少不了它。但是容易出錯的人
類，即使把握住逼真的概念，根本上還是在進行
猜測（答1102）。

　　在這一章中，我以波普的事實符合論、真實

世界論、恆眞邏輯論，以及實在逼眞論爲分析考察的階層，希望一步步逼近他所嚮往的絕對而客觀的眞理。波普用符合論先提供給我們一個有關眞理的常識概念，這基本上乃是直觀的。其次他就把這個直觀眞理落實到我們所能經驗到的唯一眞實世界來，強調科學自覺地試誤和獨具的進步。科學何以有此動力促成自身的進步？波普堅持只有演繹邏輯才堪產生這股力量，因爲它的推論過程無懈可擊。但純粹理則學只需涉及恆眞演繹，宇宙與人生又作何處理呢？逼眞的概念由是形成。通過演繹法的洗鍊，眞理概念得以超越直觀而益形鞏固，當它落入既定的人間世後，就在人類的演化上留下痕跡。科學進步之所趨，便是趨近眞理，亦即逼眞。

歸結地說，波普的眞理觀乃是：從常識出發、限制在此岸、以演繹強化、呈逼眞效果。但是他這套眞理觀究竟跟我們的知識與價值，對我們瞭解宇宙與人生有何裨益？此問題有必要作進一步地探討。

追求眞理的起碼要求，在波普看來有三：想

像力、嘗試錯誤，以及經由前二者和批判討論漸
次發現我們的成見（臆352）。為何有此要求？因
為要保障思想和言論自由。波普的形上學─知識
學─倫理學雖是一體連續統，但他始終堅持事實
與價值二元論；「連續」指的是他學理的貫澈，
「二元」卻反映這套學理足以釐清事態，不使混
淆。波普把科學進步視為人生活動中獨一無二的
進步，而且形成奇蹟式的成功（客204；實
146）。科學進步的歷程即為逼真，我們很有理由
把波普長此貫澈的精神之所繫歸於真理。

　　真理不但是知識問題的重心（臆27），也是
價值問題的要點（傳193-5）。它藉著形上學和自
然科學，展現宇宙的奧秘（量31）；也透過倫理
學和社會科學，安頓人生的和諧（答1155-62）。
但是當我們確認真理做為規則理念的理想性後，
在面對各種事態時，仍應積極判明知識與價值的
差異，妥善處理宇宙與人生的出入。我們判明和
處理事態，必須訴諸理性批判討論，這是下一章
的主題。不過在這之前，思想和言論自由又必須
有所保障，否則理性即無用武之地。總之，波普

的眞理觀是要以開放心靈去參透，而這又與理性
態度相輔相成。

第六章
理性觀

　　波普的唯實哲學以眞理爲一切實在的根源，以理性爲達到眞理的唯一道路。他自稱是一個理性論者，但是他心目中的理性論，並非笛卡兒式看輕經驗的觀點；他把後者稱之爲「理智主義」（intellectualism）（臆324）。波普的立場是：

> 我是一個理性論者，理性論者是指希望瞭解世界，並經由與他人爭論而從中學習的人。（注意我並沒有說理性論者帶有視人爲完全理性或大部分理性這種錯誤理論。）我說「與他人爭論」，尤其是指批判他人、引起別人的批判，以及從中學習。論證的藝術乃是戰鬥藝術的一種特殊形式，它以文字取代刀劍，同時自趨近世界眞理的旨趣中得到鼓舞。（實6）

　　簡單地說，波普的理性論就是一種向批判開放的合理態度（實27）。他的批判理性論具有實用理性論（pragmatic rationalism）的特徵，認爲世界是不合理的，但是我們應該盡可能使世界順從理性，這正是科學的工作（開下357；宇46）。

既然世界是非理性的，人類所能做的只是用科學
一點一滴去釐清、去照亮世界。科學在社會生活
中扮演著一個謙遜的腳色，它實際上是在幫助我
們瞭解人們的可能行動所造成的深遠結果，從而
讓我們更爲睿智地選擇自己的行動（臆343）。

行動抉擇不是沉思冥想或閉門造車，而是與
他人理性地互動的產物。波普認爲在西方文明
中，這是有悠久傳統的，他稱之爲「理性論者的
傳統」，希臘哲學與科學皆由此生，後來又在伽
利略（Galileo Galilei, 1564-1642）身上得到傳承
復興（臆101）。他且更進一步肯定理性傳統或批
判討論傳統，乃是締造人類知識唯一可行的道路
（臆151-2）。

前章已表明，在波普的理念中，知識是以眞
理爲鵠的，在此又發現他以理性爲知識的唯一進
路。而當他相信科學知識是唯一在逼眞道路上有
所進步的事物時，理性已然成爲達到眞理的唯一
途徑，這不是與歐陸理性論者的觀解相仿嗎？到
底波普的理性觀蘊涵了哪些見識？它又對唯實哲
學提供了哪些內容？這是本章要探討的。

一、經驗論

　　傳統哲學中，理性論與經驗論是相對的，但是波普卻指出，他所使用的「理性論」一辭是與「非理性論」相對，而非與「經驗論」相對（開下352）。事實上，波普的理性論裏面，具有很豐富的經驗論成分，但二者都與傳統哲學上的論點大有出入。為了避免混淆，波普把自己所認可的理性論和經驗論都冠上「批判的」封號（開下353；臆154）。我現在所討論的，乃是他的「批判經驗論」的經驗部分，批判部分將在下節討論。

　　波普曾經很明確地陳述了他的「經驗論」立場：

> 我始終是某種經驗論者，當然我絕不是那
> 種相信「所有知識來自我們的知覺或感官
> 與件」的樸素的經驗論者。我的經驗論認

為：雖然所有的經驗都包藏了理論在內
（theory-impregnated），但是到頭來經驗卻
是藉著打擊一套理論，來決定這套理論的
命運。另外它還認為：只有原則上具有可
被駁斥的長處的理論，才能算得上是「經
驗科學」的理論。（答971）

很明顯他的「經驗駁斥」與「理性批判」是同調
的，只是前者多用於科學，而後者多用於哲學，
基本上它們都是嘗試錯誤法。

　　波普的經驗論，實際上是他的理性觀的一
環。在理性的前提下，經驗做為一種獨特的方
法，使得經驗科學獨樹一幟；而非歸納主義者所
認為，係歸納方法之功（科39）。經驗方法的理
論可相通於知識理論，後者的工作正是分析經驗
科學的方法或程序（科39）。但無論如何，理性
仍先於經驗，即使在科學發展上，經驗觀察與實
驗，也是為了理性批判論證而起（臆151-2）。對
波普來說，經驗法最積極的作用在於否證，否證
是藉著淘汰以揀選最適合的理論（科42）。這種

演化知識學，是和物種演化理論一以貫之的。

　　波普追隨古典經驗論者，肯定學習與經驗的
密切關聯，但是他更進一步作了清楚的分辨：

> 談到學習理論，無疑我們能夠也的確是從
> 經驗中學習的。我甚至於準備像休謨及其
> 他古典經驗論者一樣地說：整個學習就是
> 從經驗中學習。……有三種完全不同的活
> 動，都被稱為「學習」，……我叫它們（1）
> 嘗試與錯誤（或臆測與駁斥）學習；（2）
> 習慣形成（或完全重複）學習；（3）模仿
> （或汲取傳統）學習。……只有嘗試錯誤或
> 臆測駁斥學習，與我們的知識成長有關。
> （實39-40）

　　這種來自經驗的試誤學習，乃是全然理性的
（客27）。把經驗同理性融匯貫通是波普哲學的一
大特色，他甚至於將經驗視為「不確定的理性」
（inconclusive reasons）；其為理性是因為我們的
觀察通常是可靠的，不確定則因為我們又會犯錯
（答1114）。只有把經驗歸之於理性，我們才得明

瞭波普所言，「所有的經驗都包藏了理論在內」
的真義，畢竟觀察或是實驗，都得有點起碼的理
論做先導方能著手（歷134）。

　　波普接納經驗論，卻沒有陷入實證論的泥
淖，是因為他以演繹法拒斥歸納法，並樹立了否
證論的緣故。演繹邏輯配上經驗測試，形成實界
中最有力的逼真行動，此即科學揭示宇宙真相的
意義。另一方面，追求美善的人生實踐，也是與
逼真努力同步的。波普甚至動用人本論來反對歸
納信仰，因為後者太過抬舉科學而貶抑人類（實
258）。

　　在人與科學的關係上，波普堅持人本論立
場，為此他寫道：

　　　科學不止像藝術與文學一樣，是一項人類
　　精神上的冒險活動，更可能是所有創造性
　　藝術中，最具人性的一項。它充滿了人類
　　失敗和短視的記錄，卻又不時有靈光乍
　　現，反映出我們對世界與人類精神的奇妙
　　之注視。尤有甚者，科學乃是所有人類努

力中，最能表現人性的直接產物，它使我
們獲得自由。它是我們努力的一部分，它
使我們看得更清楚，使我們瞭解世界和自
身，使我們像一個成熟的、有責任的、有
教養的人去處世。（實259）

這種科學人本論的理想所針對的，正是經驗科
學，而非其他非經驗的事物。但人本理想本身，
卻屬規範性提議而非科學（論1975：98-9）。由此
可見，波普的理性經驗論，一方面對經驗世界進
行探索，一方面對人類處境有所提醒；它在宇宙
與人生兩面上皆無所偏廢。

　　拿實際經驗配合理性態度，可以使我們充分
開拓經驗科學的領域，並就人類在科學活動中所
受的影響作出反省。但是經驗科學與非科學事物
的明確分判，也就是波普最重視的「劃界」或
「區分」，就不能完全仰仗經驗了。區分的判準是
做為一種方法學形式的不斷批判（答984）。

二、批判論

批判是一種方法，或者說它具有方法學意涵。方法學不同於理則學，把純粹理則學應用於實際狀況、生命情境或經驗科學時，會產生一些方法學規則，也就是批判討論規則。這些規則受制於理性討論的總目標，那便是趨近眞理（客17）。對於「批判論」，波普將它運用得很廣泛：

有一種方法可以被稱為「哲學的唯一方法」，但是它並非哲學專屬的特性，而是所有「理性討論」的唯一方法；它既可用於哲學，也同樣可用於自然科學。我心目中這種方法，乃是明晰地陳述一個問題，並且「批判地」檢視各種提出的解答。我把「理性討論」及「批判地」特別標出，是想強調理性態度與批判態度的等同。重點是：當我們對一個問題提出一項解答時，

> 我們必須嘗試盡可能地推翻自己的解答，
> 而非保衛它。……只有當我們盡可能明晰
> 地陳述問題，並且把自己的解答放在足供
> 批判討論的十分明確的形式中，批判才會
> 有所得。（科16）

波普採取的是批判理性，而非實證理性（positive reasons）。批判理性幫助我們在許多競爭理論中，選擇一個經得起批判、站得住腳的理論，而非像實證理性想去證實（justifying）一個理論（實20）。在這兩種理性態度的分判上，波普認為自己的精神近於康德的批判哲學，而非實證主義哲學（科105）。究竟什麼是真正的批判精神呢？那就是智識上的獨立（開上134）。波普把自己看做是蘇格拉底的後學，承認本身的無知，並由此出發，向理性與批判求緣，終至能夠像蘇格拉底一樣，作出獨立的思考與判斷，不與世俗妥協（答1084）。

重視批判是波普結合理論與實際的思考之主因，而批判的實在論或批判的樂觀論，也就成了

他的哲學核心問題（答1053）。波普把理性視爲
人類行止的中庸之道，是一種介於機會與決定之
間的存在樣態（客228）。換句話說，我們的理性
態度一方面受制於有機體功能及文化傳統，一方
面又有充分的自由抉擇與行動能力。人非聖賢，
我們像動物一樣容易出錯，也同樣生存在嘗試錯
誤的歷程中。但是因爲我們能夠把握住批判方
法、理性態度，把問題或困境理論化，尋求抽象
層次的解決，而非鬥爭化，使自己陷入生死掙
扎，所以我們的存在還是樂觀的（開下382-3）。

　　當人類把各種問題理論化之後，就足以對各
種競爭的理論進行批判討論，而這些批判討論又
當下爲自己提供了基礎。因爲我們在討論中，嘗
試從理論的眞僞觀點，也就是追問何者最接近眞
理，來對它們作出評價（訪1971a：75）。以物理
學發展史爲例，波普認爲它代表一種透過批判討
論以瞭解世界的傳統，雖然其中帶有高度思辨特
性，但無不對人心能揭示宇宙奧秘充滿希望。由
於他堅持以逼近眞理爲鵠的，所以他反對工具主
義、技術主義、實用主義和運作主義這些後理性

觀點（量172-3），以及相對主義的非理性觀點
（論1977a：56-7）。

　　波普相當推崇批判方法，並使之與理性態度
劃上等號。爲了使批判方法更有效地爲人們所把
握，他乃進一步對其作出清楚的分辨：

> 在批判一套主張時，有兩種方法不約而同
> 地出現。頭一種方法叫「科學批判」，它對
> 某一主張進行批判時，是從中導出其邏輯
> 結論，……並嘗試找到不能被接受的結
> 論。第二種方法叫「哲學批判」，它試著顯
> 示某一主張無法實際論證（not really
> demonstrable），也就是顯示該主張無法從
> 直觀地確定前提中推導出，而認為其非直
> 觀地確定。……自柏拉圖迄於今日，大家
> 都沒有充分意識到，這是兩種基本上完全
> 不同的方法。尤有甚者，只有頭一種臆測
> 的詮釋方法是有效、可行的方法，第二種
> 則是像鬼火般蠱惑人心的事物。（自173）

這裏又一次讓我們看見，波普堅信：演繹邏輯加

上批判討論，才是唯一通向眞理的道路。

　　當然人間世不是只有眞理或科學這唯一價
值，但是波普執意要將科學價值和科學以外的價
值加以區別，至少使其減少混淆：

　　世上存在有純粹科學價值與非價值，以及
　　科學以外的價值與非價值。我們雖然不可
　　能將科學工作同科學以外的應用與評估予
　　以分離，但是科學批判和科學討論的工作
　　之一，正是對抗價值領域的混淆，尤其是
　　要把科學以外的評價，從眞理探詢中分離
　　出來。……純粹科學的純度，乃是一種不
　　可企及的假定理想，但也是我們應該經由
　　批判不斷爭取的理想。（論1977b：97）

這兒所指的「純粹科學」，並非純粹經由觀察得
來的科學，而是在人們有意地、批判地理論化之
後的科學，它包括自然科學與社會科學整個經驗
科學（論1977b：101）。

　　科學既是波普心目中理想的知識型態，是理
性批判的極致，那麼哲學何所為？他指出：

哲學探究的特色，始終是對科學本身、科
學發現及科學方法進行批判探究。（論
1986：209）

但也僅止於此：

哲學絕不能做為任何科學系統的基礎，而
哲學家也應該更謙虛地提出他的主張。有
一個他們能夠達成同時非常有用的工作，
乃是研究科學的批判方法。（臆335）

另一方面，哲學還對人們視爲當然的成見有所批
判：

我們常把許多事情視為當然，這些未經批
判的主張，多半具有哲學性質；其中有些
屬實，但大多是錯的。我們視為當然卻未
經批判的哲學，究竟是對是錯，只有通過
批判檢視才知道。我認為批判檢視正是哲
學的工作，也是哲學之所以存在的理由。
（訪1971a：67）

總而言之，無論科學與哲學都離不了批判，這便顯示出理性在治學上的重要。

　　批判的對象必須是客觀的理論或知識，客觀化唯一可行的辦法，就是把主觀的期望或信念轉換成描述性語言，並且最好能夠寫下來、印出來，以供相互主觀地批判討論（客25）。不過話說回來，由於批判方法就是嘗試錯誤法或臆測駁斥法（客16），所以當我們把理論視爲假說，同時清晰表陳時，它們就可以被批判，而客觀性正是批判的結果（實48）。

　　批判與客觀性既有此相輔相成的效果，我們立刻能夠認定，理性與世界三關係密切。客觀意義下的理性，乃是我們精神活動的某種產物，也就是世界三事物。在世界三的可比較、可論證標準下，理性不只具有批判的作用，更具有創造性（答1090-1）。波普的理性批判論，便是透過理性這層客觀意義而開展的。如果說理性的批判精神表現於否證中，那麼理性的創意就呈顯於益證上。

三、益證論

　　益證是我們用否證去測試一個理論時，所產生的正面意義，也正是理性批判所表現的創意之所在。在此先看一看波普是怎麼解釋「益證論」的：

　　藉著其他已被接受的述句之助，某些可被稱為「預測」的單一述句，尤其是一些容易測試或應用的預測，便從理論中演繹出來。……其次我們就要拿這些推導出的述句，跟實際應用和實驗的結果相比較，然後作出裁決。如果裁決是正面的，也就是說，如果這單一結論被判明為可接受的或被確證（verified），那麼這個理論就暫時通過測試，因為我們找不到理由揚棄它。但是如果裁決結果是負面的，換句話說，如果結論被否證（falsified），那麼這種否證

性同樣也把產生邏輯演繹的理論本身否證
掉了。必須注意的是：一個正面裁決只能
暫時支配某種理論，而以後任何負面裁決
都可能推翻此一理論。一套理論在科學進
展的過程中，經得起各種詳細、嚴格的測
試，且未為其他理論所取代，我們可以稱
它「經得起試煉」，或是說它為過去的經驗
所「益證」。（科33）

　　較佳益證的理論比起難以益證的理論，因為
前者通過了批判討論和競爭比較而得以「生
存」，所以較後者理性地略勝一籌，但它隨時可
能讓我們失望（傳228）。這表示益證只是暫時
的：我們只能說「有關某一基本述句系統的益
證」，而這個系統是在一特定時間內始被接受
（科275）。由於益證牽涉到某一時刻的經驗證
據，所以它只關係到過去和現在，無關未來（客
18-9），此點與逼真概念大異其趣。我在前章末節
曾引述波普的話說，逼真是沒有時間性的。

　　不過益證同逼真一樣，也有程度之分，但僅

能定性而非定量地決定（客59）。理論益證度就
是對於一個理論承受經驗測試結果的評估（實
243），經驗測試必須具有批判精神，也就是試圖
去否證這個理論（傳103）。總之，益證直接關聯
於否證而非確證。確證與否證在邏輯上並不對
稱，因為波普所堅持的演繹邏輯中容不下確證
（科41）。益證度在早先一度被邏輯實證主義者視
為印證程度，波普反對把益證等同於印證
（confirmation），是基於印證與確證及歸納糾纏不
清之故（科251-2；實230）。若要另謀稱謂，他建
議用「假說等級」取代「益證度」，用「以測試
評等」代替「被益證」（實230）。

　　簡單地說，經驗駁斥的失敗就是理論的成
功，益證度告訴我們，一個理論在某時刻到底有
多成功（臆256）。再者，益證度也為我們的行
動、實踐提供了理性的指標，我們可藉著批判，
理性地、客觀地選擇成功的理論（傳103-4）。雖
然波普曾同時提到理論可被接受與被確證，但一
把時間因素考慮進去，就會知道他所指的絕非實
證觀點下的確證，而是指理論的成功。這是屬於

知識演化的歷史性觀解，而非知識內容的眞實性
觀解。

由於在知識的演化同內容上的混淆，也就是
未能區別益證與確證基本的歧異，所以經常有人
把益證度當做蓋然性程度來思考，尤其是歸納主
義者（科251）。波普在其一生中，曾花費許多精
力，試圖釐清蓋然性或機率的主客觀詮釋（科
148-50；實281-300；論1957b：356-7；論1959：
25-7）。他將機率的使用，限制在客觀的機率數學
演算（mathematical calculus of probability）之
中，其顯示的是一個述句接受相互主觀測試的統
計性結果，而非指點吾人認知不足的程度。爲了
鞏固自己的立場，波普把他的機率觀施之於量子
物理學中，一方面藉此推翻主觀主義的正統詮
釋，一方面更希望建構出獨樹一幟的客觀傾向實
在論形上學（論1957a：65-70；論1985：3-25、
27-8）。

波普發現，人們所使用的語詞「蓋然的」或
「機率」，有兩種用法，但大多不察其分別。其一
是剛才提到的機率演算，關係到某事件發生的機

會；另一則是假說機率，關係到某假說測試的通過與否。它們的分別是，前者依據一項「內容規則」（rule of content）：一個描述某事件語句的機率，是隨著該述句的邏輯內容增加而減少；後者卻沒有這項規則。為了正本清源，波普才把機率概念歸於前者，而把後者改稱為「益證度」（實223-7）。不過我們可以說：如果一個理論成功地推導出某些預測，那麼這個理論的益證度，將會在背景知識的烘托下，隨著預測的測試述句之「非機率」（improbability）而增加（實244）。

益證度與機率還有一點出入，也反映出知識的演化概念與真理概念之間的歧異。從純數學角度看，所有理論的機率幾乎都是零，但各理論的益證度，卻因通過嚴格測試與否而有高下之分（臆192-3）。這透顯了波普一貫的治學信念：面對真理我們只能猜，但猜得高不高明，則可透過經驗測試而得知。科學進步的意義盡在此（實222）。

如果我們完全靠猜測過活，別無他途，憑什麼就斷言我們的知識是在進步？許多人都針對這點而責難波普。這些人大多相信，歸納法可以幫

助我們累積得到較爲確定的知識，不必成天像動
物一樣嘗試錯誤。波普反對歸納法，用最簡單的
例證表示就是：不管我們觀察到多少白天鵝的例
證，都無法證實「所有天鵝都是白的」這個結
論。也就是說，從單一述句推論到普遍述句不成
立（科27）。

　　然而他用以取代歸納確證的否證法，在歸納
主義者心目中也不成立，一名批評者就曾指出，
如果沒有歸納推論，那麼說某理論是錯的也於事
無補，因爲我們沒有理由認爲，在過去失敗的理
論，將來不會成功。這兒似乎是把知識的眞理概
念同演化概念或歷史概念混爲一談，但也讓我們
認識到，歸納跟益證一樣，是有時間性的，難怪
波普要把用於歸納的確證和用於演繹的否證，視
爲不對稱的。

　　益證與歸納有無關聯？波普說：

　　一個已被成功益證的理論，只能被具有較
　　高一層普遍性的理論所取代，後者乃是更
　　能測試，且包含舊有曾被成功益證理論在

> 內的新理論，至少它要比舊理論更能益
> 證。因此我們不妨把這種不斷提昇理論普
> 遍層次的努力方向，描述為「似歸納的」
> （quasi-inductive）。（科276）

但是他卻對二者做出明晰的分判：

> 真正經由重複而來的歸納並不存在，那些
> 看起來很像歸納的，乃是假說性推理、成
> 功測試、成功益證，以及與理性及常識一
> 致。我們在其中使用的是一種益證方法，
> 也就是在可以駁斥理論之處認真地駁斥。
> 倘若此種努力失敗，那麼我們便在理性的
> 基礎上臆測：這個理論較舊有的更近似真
> 理。（客98）

歸納問題曾在休謨的分析下得到部分解決，
不過波普反對休謨把邏輯以外的事實問題，歸到
心理學加以說明。根據波普的「轉移原則」，無
論理則學或心理學都必須合理；歸納法在邏輯上
無效，在心理上也同樣站不住腳。非要相信歸納

法管用，就是獨斷的非理性態度。那麼事實問題怎麼辦呢？波普訴諸的是試誤法、演化論（實31-6）。面對這些看起來很像歸納程序的知識發展情況，他就用理性益證論解釋之。益證可說同時兼顧了知識的邏輯面相與歷史面相；就其歷史面相而言，最重要者莫過於傳統和背景知識了。

四、傳統論

在考察波普的哲學理路時，我益發體會感受到他對傳統學問的重視，尤其是哲學和哲學意義下的科學。波普畢竟是哲學家而非科學家，對他而言，傳統中最豐富的寶藏，乃是無窮盡的真正哲學問題。如果沒有嚴肅的哲學問題和解決問題的希望，那麼他自認無理由做為哲學家（論1986：202）。相應於對傳統哲學問題的再思，傳統的批判討論態度也值得保留推崇。事實上，這種態度已構成一脈理性傳統，自泰利斯（Thales,

624-585 B. C.）以迄今日綿延不絕（臆155）。波
普的「理性傳統論」，對哲學、科學和藝術的傳
統都有所檢討，值得我們探究。

　　波普把傳統當做一種社會現象（臆123），也
就是群體組成分子間互動的產物。但另一方面，
人類社會又需要遵循某些傳統以做為規範，避免
演成脫序與混亂（答1170）。在此我們看見傳統
與人的關係：傳統生於人，傳統造就人；傳統即
是具體的人際關係（開下226）。人類締造傳統與
建構理論有著異曲同工之妙，其相似之處便是在
混亂中樹立秩序，使人們得以理性地預估未來。
換言之，傳統之於社會結構，一如理論或神話之
於科學知識，是批判的對象，是能夠改變的，也
是不可或缺的（臆131）。落實到人身上，傳統調
和了制度與個人的意向及評價。像波普所贊同的
自由論，便是藉著肯定傳統，以調和民主制度與
社會道德，而非用革命來打破傳統，替換制度，
重建道德（臆351）。

　　傳統既然深具社會意涵，是鞏固社會結構的
條件，我們又如何討論學術傳統呢？波普雖然反

對謝勒（Max Scheler, 1874-1928）及曼罕（Karl Mannheim, 1893-1947）所發展出來的「知識社會學」，因為他們強調科學知識的社會決定理論（開下213），但波普卻陳述了自己的知識社會學：

> 客觀性是基於相互的理性批判（mutual
> rational criticism），也就是基於批判進路、
> 批判傳統。（論1977c：293）

在此他是指的科學的社會或公共特性（歷155-6）。擴充開來，不只是科學，哲學、藝術也有其社會性，也可以接受批判，當然就各有其傳統足供考察。

　　在哲學傳統方面，波普最為推崇也是躬行承繼的，就是希臘哲學的批判爭議、理性討論傳統，尤其是源自愛歐尼亞學派泰利斯、亞納西曼德（Anaximander, 612-545 B. C.）等人的師生自由批判傳統。波普相信，這種傳統一直維持到柏拉圖，其間唯一例外是畢達格拉斯（Pythagoras, 570-495 B. C.）的神秘學派。開放學風在亞里斯

多德對「真知」的要求下逐漸收斂，再次澎湃則在一千七、八百年以後的文藝復興時代，然後自伽利略延續至愛因斯坦（臆148-53）。這其中當然還有其他非理性傳統與之並存，但西方哲學的理性批判傳統的主要工作與成就，乃是增廣了我們眼中的世界圖像（客153），此點也正是科學傳統進步的方向。波普自始至今，都對流行的哲學不甚滿意，反而對科學深感興趣（自IX），在這麼一位「科學的哲學家」眼中，科學傳統又是何種景況呢？

波普認為，幾乎所有的科學理論都源自神話（臆38），從神話到科學的關鍵作法，就是希臘哲學家開始討論森羅萬象變化的理由，而不再相信宗教式的解釋（臆126）。基本上，科學傳統就是理性批判的哲學傳統，只是科學在理論的導引下，累積了不少有系統地觀察。這些觀察的累積，乃是科學理論成長的結果，所以波普稱之為「科學的探照燈理論」。也就是說，科學本身可以投射出新的光線照見事物。換言之，科學傳統本身有一種積極的作用，不但能解決問題，還能創

造更多新問題（臆127-8）。而在這個科學傳統的
起點，正是希臘人對宇宙、對世界秩序的哲學思
辨（論1986：209）。由於科學同哲學的目標都是
追求眞理（客57：論1986：203），人們可以在針
對此一目標的努力下，逐漸減少未經批判的常識
之影響，因而改善人生（論1986：204-5）。所以
這應當是理性的傳統、公共的事務，而非專家的
專利。波普據此反對專業主義（科23：實5-8）和
技術主義（量100：論1977c：296），以免葬送傳
統，破壞文明，造成人類精神上的大災難。

　　至於藝術創作，雖不完全是理性範圍裏的事
物（答1090），但在波普的心目中，無疑屬於世
界三事物，也就是說，它可以超越它的創造者，
表現出部分自律。當許多人對同一件藝術品進行
評價後，就會造成一套客觀的標準與價值，這些
都在創作者當時創作的意念之外。波普認爲，人
們判斷藝術作品的優劣，勢必要用到過去的客觀
標準，這便形成了藝術傳統，它是可以相互主觀
討論的（答1175-6）。當然波普也明白，我們對於
藝術作品的價值判斷，不可能建立十足的客觀標

準，它畢竟只是個人在欣賞時的主觀反應，但波
普仍以磁力場四週鐵屑排列的情形，類比表達了
他的客觀美學：人們對藝術品的反應，就像鐵屑
受磁力影響排成某種形狀一樣，展現出作品的某
種客觀特質。藝術傳統在此一如科學傳統，可以
批判地瞭解、理性地樹立（客180）。

　　本章分別考察了波普理性觀的四個面相：經
驗、批判、益證和傳統，它們大多反映了人類在
把握理性以追求真理時的樣態。哲學與科學都希
望認識宇宙，改善人生，波普對此的要求是：盡
可能地簡潔與明晰（實8）。長此以往，我們將真
正地面對實在。

第七章
實在觀

　　「從常識出發，向實在求緣」，這種常識實在論是波普形上學的起點，也是他整個哲學的精神之所繫。波普曾斷言，他相信形上實在論，且始終不移（實80）。但此一信念並非他的哲學尤其是方法學的預設；它只能被視為一種直觀性的激勵，鼓舞人們去追求真理（實145-6）。追求真理必須以常識為出發點，通過批判修正的過程，在錯誤中學習，從而得到進步（客33-4）。

　　既然所有的哲學和科學都是常識的發揚光大，那麼我們就沒有理由不承認，眼前有一個實界可待探索。果真如此，我們便能夠描述其真偽（實115）。面對實界，我們以假說或臆測的理論對之加以描述，然後進行測試，通過測試的理論所描述者，即是真實世界（臆116-7）。當然這種說辭並不一定能使觀念論者信服，所以波普到後來要努力經營他的三元世界學說，把心智世界二的實在性，放在與具體世界一及文化世界三的實在性平起平坐的地位，如此始能無所偏廢。

　　我認為波普的常識實在論是他的形上學首要課題，假如我們不先作此暫時臆測，便難以瞭解

他以此爲本，所建構的整套哲學系統。但是波普
並非以常識做爲他所提出問題的解答，他無寧是
批判常識觀點的。然而另一方面，他卻相當堅持
自己的實在論，他強調以批判實在論來整合自己
的理論與實踐思考（答1053）。

　　波普的實在論是現代意義下與觀念論相對的
實在論，而非傳統意義下與唯名論相對者。波普
對他那相對於觀念論的實在論有如下的說明：

> 這兒有一個世界，我們嘗試藉著談論它，
> 以及發明解釋性的理論去理解它。雖然我
> 們通常難以用這些理論以外的見地，去設
> 想此一世界；但是的確有一個實界，是我
> 們無法任意用理論強加解說的。這個實
> 界，此一世界，擺在人的跟前。在大多數
> 情況下，我們強加理論於其上悉歸失敗，
> 因此康德的觀念論錯誤，實在論才是對
> 的。（答1093）

　　波普同意康德認爲科學理論爲人所發明的見
解，但是反對他那爲後來德國觀念論舖路的立

場。這種實在論必須與傳統論點有所分判，他指出：

> 我始終是實在論的支持者，這使我對一件
> 事實有所感知，那便是「實在論」一辭於
> 共相問題的脈絡內，是以非常不同的意義
> 在使用著，也就是表示相對於唯名論的立
> 場。為了避免誤用，我……乃發明「本質
> 主義」一辭，做為相對於唯名論的任何
> （古典）立場的稱呼，特別是指柏拉圖與亞
> 里斯多德的理論。（在現代則指胡賽爾的
> 「本質直觀」。）（傳20）

波普所理解的「本質」是：

> 某種與事物偶有的，或不重要的，或變化
> 中的經驗面相相對者；無論其為內在於該
> 事物，或位於形上的理念界中。（開上
> 216）

他反對以概念為實在的本質主義，卻主張視問
題、理論、錯誤等皆屬實在（客323）。由於他提

出抽象的世界三爲實在的說法，卻又堅持自己並
未墮入本質主義，使得他的實在論饒富趣味。

一、本質論

波普反對本質主義的理由如下：

我稱之爲「本質主義」的學說執持的觀點
是：科學必須從本質的角度來找尋終極詮
釋。也就是說，如果我們能夠從一件事物
的本質或本質特性的角度去解釋它的行
爲，那麼（除了本質受造的神學問題外），
就沒有更進一步的問題產生了。……我反
對終極詮釋的概念，我認爲每一種詮釋都
可以經由具有較高普遍性的理論，加以進
一步說明。……我也反對「是什麼」的問
題，也就是追問一件事物究竟是什麼？何
者爲其本質？何者爲其真實本性？我們必
須揚棄這些本質主義的特徵，我們不要再

認為單一事物有其本質或固有本性或原
理。……這種觀點完全無法說明，為什麼
不同的個別事物，卻有著相同的行動。倘
若我們以其本質相同為解釋，那麼我們可
以追問：為什麼不同的事物，不可以有不
同的本質？（客194-5；實134-6）

由此我們發現，波普反本質主義的要點有二：
一、反終極詮釋；二、反個別對象。換言之，開
放地說明、普遍地考察，可能為他所接受。果
然，他提出了自己的「修正本質論」（modified
essentialism）。

波普的修正立場是基於：

我相信「修正本質論」有助於解決自然律
的邏輯形式問題。它認為我們所把握的定
律或理論必須是普遍的；也就是說，它必
須適用於這個世界的整個時空範圍。它更
進一步認為，我們的理論乃是對這個世界
的結構性質或關係性質有所主張；而這些
經由解釋性理論所描述的性質，在某種意

義上，必定較被解釋的事物本身更為深
刻。（客197；實137）

他也很清楚地表明，自己的觀點與本質主義相似
之處：

> 雖然我不認為我們可以透過普遍定律來描
> 述世界的終極本質，但是我並不懷疑我們
> 可以一步步地深入發掘探測此一世界的結
> 構。我們甚至可以說，在針對世界性質的
> 考察內，我們所發掘的是越來越本質的，
> 或是越來越深刻的。（客196；實137）

把他的修正本質論，同他的否證論、實在論連貫
起來，一切似乎就顯得很有意義了：

> 每一回我們取一個具有較高普遍性程度的
> 新臆測理論，去對某一臆測的定律或理論
> 進行解釋，我們就對世界有了新的發現。
> 我們更深入地洞悉了世界的奧秘。每一次
> 當我們像這樣成功地否證一個理論，我們
> 乃完成一次重要新發現。（客196；實137）

　　於是波普唯實哲學的宇宙面相清楚地彰顯
了。他同歷史上所有偉大的哲學家一樣，擇善固
執地希望揭開宇宙的奧秘，並且認爲自己確有所
獲。不過由於波普不是科學家，所以他對人類探
索宇宙、認清世界的貢獻，不是經驗科學的，而
是方法學的和形上學的，這也正是他的知識學前
後兩期重點之所在。波普不像邏輯實證主義者，
用邏輯利器把自己的立場跟傳統哲學一刀兩斷，
他無寧是追隨哲學傳統的。

　　波普治哲學的途徑爲問題取向，由於哲學史
上許多問題的處理始終莫衷一是，所以他覺得應
該從頭來。波普的作法是回到希臘傳統再出發，
從泰利斯鼓勵學生亞納西曼德批判老師的理性開
放作風得到啓迪，他的哲學可以表爲一部批判哲
學史，而歷史在他看來應該被寫成問題情境史。
他的修正本質論，正是對於傳統哲學問題重視與
再思的結果。

　　波普其實承認本質主義者所言，世界具有一
種隱藏但可被發現的本質，他的修正重點主要是
反對定論，也就是終極詮釋（臆105）。在過去，

工具主義者曾以理論不過是工具的觀點來批判本
質主義，波普覺得這種態度乃是矯枉過正，所以
他在二者之外，提出了「第三種論點」。其修正
是針對本質主義，而保留本質則係針對工具主
義。換言之，他的修正本質論所取的乃是中庸之
道（實135）。

　　波普對自己的「第三種論點」作成六點考
察：一、承認表象世界的背後有本質世界存在，
但不得視爲終極的；我們可以用層級的詮釋性假
說概念，去比較地說明不同層次的世界眞相。
二、這些理論並不只是預測表象的工具，如數學
假設者，它具有更多的功能。三、沒有純粹表象
或純粹觀察，有的乃是詮釋的結果。四、此種結
果屬於理論與假說的混合。五、新理論會導致對
舊表象的再詮釋，由是改變了表象世界。六、解
釋性理論的多樣化，會造成彼此的競爭；對這些
理論的嚴格測試，可以使我們得到嶄新的經驗
（臆173-4）。由此可見，他的修正本質論是對傳統
實在論和現代實在論二者優點兼容並蓄、去蕪存
菁的整合與再現。總之，波普的治學態度，是同

時向過去和未來開放的。

　　波普的修正本質論就是他的實在論（答1116），但已不止是常識實在論或形上實在論，而是一種具有多元風貌和豐富內涵的唯實哲學。他的常識觀點在通過形上學、知識學、倫理學考察後，已經深澈化為一種唯實觀點。波普的三元世界都是「有」而非「無」，尤其是部分自律的世界三，在他心目中無疑是實在的。世界一的實在性對波普不構成問題，他甚至自稱唯物論者（客323）。但世界二是否也是獨立存在？這便構成問題了。

　　波普把「世界二」和「世界三」區別為「主觀的思想歷程」和「客觀的思想內容」；前者為心理世界，後者為文化世界。由於波普不是觀念論者，所以在他不可能出現只有心理狀態沒有物質身體的情況，也就是不可能出現只有世界二沒有世界一的情況。事實上，波普的確是從生物世界一的功能上，去考察心理世界二的（自106）。他雖然相信，人的自我具有某種近似本質的自性（the quasi-essential nature），也就是性格或人格，

但人無寧是「心理—身體歷程」（psycho-physical processes）而非「本體」（substances）（自105）。分析至此，我們發現波普的世界二必須依於世界一而存在，亦即具有心理狀態或意識的生物，乃是心物合一的實在。

　　總之，從波普的修正本質論對傳統哲學問題的再思，我們可以體會到波普哲學路數的折衷性：他反對討論本質，卻提出修正本質論；他排斥歸納，卻言及近似歸納法；他看重客觀的文化內容，也關懷主觀的人生處境。他的實在論涉及三種實在：宇宙、人生與文化，一以貫之的則是邏輯與批判態度。接下去我要討論的是，波普對於各種實在的瞭解與詮釋。

二、詮釋論

　　波普在面對知識與價值分判之際，提出了事實與標準的二元論，認為彼此不可化約；不過他

在處理自然科學與社會科學的問題時，所採取的
方法和態度卻是一致的。當代詮釋學在討論科學
處理自然現象與人文現象的作法上，則建議採取
不同的進路。

　　波普對此有何意見？他仍然堅持自己的科學
與人文是一貫之道的論點，並舉出對二者的瞭解
（understand）有四種相似之處：一、我們以共有
的人性瞭解別人，那麼我們也同樣可以瞭解大自
然，因為我們是它的一部分。二、我們因為別人
在思想和行動上的合理性而瞭解他們，也就同樣
可以因為自然固有的合理性或可瞭解的必然性
（understandable necessity）而瞭解自然律。三、
我們可以把自然世界當做藝術作品一樣，視為一
項創作去瞭解它。四、在人文對象上會因為別人
的他者性（otherness）而無法作全然瞭解，在自
然對象上這種情形同樣存在（客184）。由此他更
強調：

　　科學畢竟也是文藝（literature）的一門分
　　支，科學工作就像建造大教堂一樣，是一

種人文活動。（客185）

他認爲是專業主義和專門分工，才使得科學非人化，結果卻導致一些流行的觀點，主張科學與人文是完全不同的兩回事。爲了重新結合二者，波普建議從方法上著手，也就是用臆測駁斥法或理性討論法去解決問題（客185）。但是他反對社會科學一味地模仿自然科學，因爲二者的對象和問題的確有所出入（論1977b：90-1；論1977c：299）。

由於波普堅持科學與人文學必須使用相同的方法契入，所以他首先要糾正的就是詮釋學的觀點，並提出自己的「詮釋論」：

> 我希望對瞭解理論（the theory of understanding）（「詮釋學」）有所貢獻；這一方面已經被人文學（「道德及精神科學」）研究者談得不少了，但是我在此卻要做一個假設。我認爲人文學的核心問題，是由去瞭解一些屬於世界三對象的問題所構成的。（客162）

他把忽視或否認世界三的立場稱爲「心理主
義」，他認爲心理活動與理論詮釋必須有所分
判：

> 在「瞭解」這個語詞下，所涵蓋的活動或
> 歷程，確是主觀的、或個人的、或心理的
> 活動。但是我們必須分辨這些活動與它
> （多少是成功的）產出（outcome）或結果
> （result）；後者乃是瞭解的暫時的「最後
> 狀態」，亦即詮釋。雖然它可能是瞭解的主
> 觀狀態，但也可能是世界三對象，特別是
> 一個理論。我認為後者才是最重要的。
> （客162-3）

波普強調，瞭解活動與各種解惑在本質上是
一樣的，在所有瞭解活動中，以分析世界三情境
爲無上工作（客166-7），這正是波普演化知識學
中所獨創的情境分析。拿歷史性瞭解來說，它的
主要目的，就是對歷史上的問題情境進行假說性
重構。也就是以世界三的批判方法，而非以世界
二的直觀方法，去解決歷史性瞭解的問題（客

170)。順著這個脈絡，波普指出科學史研究與科
學研究的不同：

> 科學史不應論述為理論的歷史，而應該論
> 述為問題情境及其修正的歷史。這種修正
> 是經由人們試圖去解決問題而達成，它有
> 時是不知不覺的，有時卻是革命性的。…
> …我們必須清楚判別，科學史家手中的後
> 設問題與後設理論，以及科學家手中的問
> 題與理論，二者到底有何不同。（客177）

這兒告訴我們，科學家研究的對象和人文學家研
究的對象，是有層次之分的。科學家可以直接探
究世界一，歷史家卻把這種探究當做一個世界三
問題來探究。換言之，前者所瞭解、所詮釋的是
宇宙，後者則面對著文化。那麼人生又作何詮釋
呢？

　　波普對人生的看法，受到康德很大的啓發。
他說：

> 人類是無可取代的；因為他們無可取代，

所以顯然與機器非常不同。人類能夠享受
人生，能夠有意識地忍受痛苦並面對死
亡。人類是一群自我；就像康德所說的，
他們以自己為目的。（自3）

但是自我卻少不了世界三：

雖然世界三源自於人，但我要強調它具有
相當的自律性，且對我們產生難以估計的
影響。我們的心靈、我們的自我，不能沒
有世界三而存在；它們是安頓在世界三之
上的。我們的理性、我們的批判，以及自
我批判的思考及行動之實踐，都是跟世界
三互動的。我們的心智成長也是。我們同
自己的目標和工作的關係，亦基於與世界
三互動，基於世界三對我們的影響。（傳
196）

人生雖然以自我為目的，卻又須臾不離世界
三，其間聯繫究竟為何？波普指出：

任何事物都因為我們同我們的工作之間的

取予關係而定，都因為我們提供給世界三
的產物而定，也都因為一種能夠經由有意
地自我批判而擴充的不斷回饋而定。生
命、演化和心智成長最不可思議之處，正
是這種取和與的方法，正是我們的行動及
其結果之間的互動。經由這種互動，我們
方能自我超越，超越過我們的才能和天
賦。（客147）

　　這就是波普對人生的瞭解與詮釋：個人在與
文化的互動過程中自我超越。世界二一方面與世
界一連結，一方面又必須和世界三相通。在波普
看來，一個充滿物質或能量的具體世界為實在，
一個類似柏拉圖所言但非完美無缺的理型世界也
是實在的，二者唯有通過人心的中介，才得彼此
照會（客155-6）。人本論精神在此得著了充分的
肯定和發揮。用心思考的人加以詮釋的宇宙與人
生，乃是和諧而非疏離的。波普的詮釋論，正是
以客觀、理性的態度去考察實在，在本章最後兩
節，我就要嘗試總結出他的宇宙論與人生論。

三、宇宙論

　　波普不喜言本質，但多談實在；他的實在論
既考察宇宙，又關心人生。在考察宇宙方面，他
說：

> 我們有絕佳的理由宣稱：科學的企圖是在
> 描述以及（盡可能地）解釋實在。……有
> 一種密切相關而且絕佳的意義，使我們可
> 以言及「科學實在論」：在我們的臆測理
> 論進步地傾向於趨近真理的意義下，亦即
> 在真正地描述實在的某些事實或面相的意
> 義下，我們所採取的程序會導致……成
> 功。（客40）

而在關心人生方面，他則說：

> 進步乃是朝向某種目的走去，此一目的的
> 存在，是使我們成其為人。「歷史」無法

達成此目的，只有我們每個人方能做到。
我們是藉著維護與強化自由及其進步所依
恃的民主制度，來實現這個目的。而當我
們更加充分地覺醒到一項事實，那便是進
步乃繫於我們的警醒、我們的努力、我們
清楚自己的目的概念，以及我們在作出抉
擇時所採取的實在論態度，我們將會做得
更好。（開下279-80）

實在論落於前者，是一種形上的、常識的信
念；落於後者，則是一種理性的、漸進的要求。
整體來看，波普抱持「人容易出錯」的想法，所
以對於宇宙世界，他強調明晰而非精確；對於社
會人生，他則強調開放而非烏托邦。

波普所言「實在的」（real），就是意指「眞
實地存在」（actually exist）（自9）；是他探討
「存在」的哲學，而非當代存在主義者特指的
「存在的」哲學。波普於此確有所把握：

我沒有必要把「存在」的意義，當成存在
主義者所說的那樣。我心目中只有一個簡

單的事實，那就是：世界是存在的；當然
我們也存在於世界之中。這個事實畢竟是
無法澈底說明的，即使從現代演化理論的
觀點去看也是一樣。生命的存在已經成為
一個科學問題了。生命的發生可能只出現
一次，根本上幾乎是不可能的。果真如
此，那麼它就不能當做我們平常所稱的解
釋的對象。因為從機率論來看，解釋乃是
針對一個在給定狀況下的高機率事件而
言。（自555）

　　這種存在觀點，大體上正反映了波普的宇宙論。
身為一個對科學非常感興趣的哲學家，波普認為
科學家所提出的宇宙圖像，值得我們參考、反
省。

　　科學宇宙學指出：物理宇宙起於一場劇烈的
爆炸，也就是所謂的「大霹靂」，然後不斷地膨
脹，形成一個廣大的宇宙。在這個宇宙的空間
中，幾乎沒有物質，但充滿了放射線。物質在整
個宇宙中只是滄海之一粟，大部分物質都處於激

烈的擾動狀態。極少部分是有生命的物質，更少部分是具有意識的，但這些活體卻很快地化為烏有。另一方面，宇宙的時間也是綿延漫長的，生命出現於其中，是靠著無數有利於生命形成的事件和條件連綴而成，這點非常不可能。不過無論從空間或從時間來看，人類畢竟是存在的。當科學家預測宇宙終有一天會收縮崩塌時，我們的確應該想想，自己在宇宙中到底居於何種地位（自149-50）。

考察宇宙或世界的究竟，以及存在於此世界中的人類、人類的知識等等，乃是波普的哲學旨趣，他說明自己的「宇宙論」：

> 我踏進哲學領域，主要是通過對科學的興趣，也就是對探究世界的知識之成長感到興趣。我的主要目的，乃是去改進自己對世界非常有限的瞭解。此一瞭解，還包括對我們本身，以及對我們的知識，這些都屬於世界的一部分。（論1968a：91）

可見波普所關心的宇宙，是包括人生和文化在內

的。

　　不過就一般觀點而言，自然科學主要在於探究宇宙的眞相，社會科學與人文學則著眼於從文化到人生的一貫之道。波普獨樹一幟，把文化的客觀內容，自人的主觀思維歷程及創造活動中游離出來。但是這些世界三的科學知識或藝術價值，畢竟還是人心的產物；也唯有經由人心的照會，才得使之發揚光大。所以我認爲波普追隨弗列格，對世界二與世界三加以分判，並視其爲不可化約者，的確有其見地。不過文化與人生既然彼此互動，息息相關，那麼在實踐上又如何能判成兩橛呢？

　　波普是一位人本論者，他的哲學路數是從探究世界或宇宙結構出發，再及於「包括」關於這個宇宙的「我們的」知識問題在內的，人類在宇宙中地位的探討（論1986：209）。波普關心的重點是宇宙結構與人生處境，對此的見解構成他的唯實哲學。他也同分子生物學家莫諾（Jacques Monod, 1910-1976）一樣，認爲對宇宙知識的增長，有助於對人生倫理的瞭解（論1986：207）。

波普一生推崇科學，這麼一位「科學的哲學
家」，他對人生又抱持何種論點呢？

四、人生論

　　波普對於人生的反省，多少來自於現代文明
的壓力，他所感受到的壓力是：

> 我們越來越痛苦地察覺到生活中明顯的不
> 完美，包括個人的和制度的不完美。我們
> 也察覺到人間充滿了本可避免的痛苦，充
> 滿了浪費以及不必要的醜惡。我們同時還
> 發現一樁事實：這一切並非不可能獲得改
> 善，但是此種改善卻因為它越重要也就越
> 難達成。我們的察覺加重了個人責任的壓
> 力，加重了人類所背負的成就自我十字架
> 的壓力。（開上199-200）

　　面對做為一個人應盡責任所帶來的壓力，我

們應該如何成就自我？波普的「人生論」給了一份存在主義式的答案，但完全相反於它的非理性：

> 整個看來，我們自己和日常所使用的語言，大多為情緒的而非理性的，但是我們可以嘗試變得較合理。我們可以訓練自己，把語言當做理性溝通而非自我表現的工具。……歷史本身……沒有目的和意義，但是我們可以決定賦與它目的和意義，這一點我們乃是藉著為開放社會奮鬥並反對其敵人而達成……。到頭來，我們同樣足以說明「人生的意義」：生活的目的和意義，應當由我們自己來決定。（開下278）

波普對人生的決定，是用有限的合理性（reasonableness）去抑制激情，他認為這是人類的唯一希望（論1986：200）。

　　人類目前的困局為何？波普指出，我們時代的大病倒不在於道德敗壞；相反地，它乃在於求

好心切卻用錯方向的道德熱忱。所以他認爲，人
間的戰爭基本上都是宗教性戰爭：大家都想兼善
天下，以至於天下大亂（臆366）。改善之道是：
我們不止要學得容忍別人，還要仔細想想別人到
底有沒有道理。成熟的道德行徑，就是不以一己
之念作成判斷（臆372）。波普相信人是善良的，
但不免愚蠢，此二者的混合製造了不少麻煩。不
過他還是樂觀地認爲，善良而愚蠢的人比聰明卻
邪惡的人有救，起碼前者懂得向學（臆365-6）。
對波普而言，人生的過程就是不斷地學習。他贊
成「活到老學到老」的論調，主張學習即在於詮
釋，以及形成新理論、新期望和新技能（自
427）。最終目的則是學習成爲一個人、一個自我
（自49）。一個人能夠對他自己的行動負責，那麼
他就是理性的人、道德的自我。理性的人把握住
一套不斷修正的人生計畫（plan of life），乃得成
全人生的意義（自145）。

　　人生的意義和價值，是通透過「凡人必有死」
這個前提而得以彰顯的，他說：

如果我們發現人生是值得一活的——我認
為它非常值得一活，那麼就是「我們都會
死」這個事實，賦與了人生一部分價值。
如果人生值得一活，那麼我們多少要抱著
「好自為之」的希望而活，而大家也會想辦
法去實踐這個希望。我要強調此地所謂的
希望，它可以解釋為付託給未來（但非今
生以外的未來）。（自557）

由此可見，波普是一個現世主義者。事實上，他
相當反對永生與復活的觀解（自556），這與他在
宗教信仰上抱持不可知論有關（自VIII）。不過此
等問題已逸出哲學範圍，我們現在再回過頭來，
看看他的現世主義對最廣義的哲學與人生觀所作
的結論：

所有的人都是哲學家，因為每個人對生與
死都各自持有某種態度。有些人認為生命
短暫、人生有限，所以沒有價值。他們不
曾發現，相反的論證同樣可以提出：如果
生命沒有終點，價值便不存在了。這多少

是因為我們經常面臨失去生命的危險，而
使得我們瞭解到人生的價值。（論1986：
211）

人生的價值固然由於人生的有限性而起，但
我們不可忘記，波普還認為有來自於客觀真理的
客觀價值（傳194-5），唯有理性批判的態度才能
把握住它。合理的人生正是波普所嚮往的，它可
以與各種情操並存，但是不可或缺：

> 如果我說我相信人，意指的乃是我相信人
> 就是他那個樣子；我不敢妄言人是完全理
> 性的。……我希望說的是，講理的態度絕
> 不能完全付之闕如，即使在一些受到偉大
> 情操支配的人際關係上面──譬如愛，也
> 是一樣。（臆357）

這顯示出，波普的人生理念兼及了人本論與
理性論，其旨趣與某些兼及人本論與非理性論的
存在主義者確有出入。由於波普在討論人生的處
境和存在時，經常對存在主義加以批判，卻又對

其所作的人性探索有所肯定（開下76-8；臆194、363；論1977b：104），所以我特別提出作個簡單對比。

　　總之，波普的人生論一如他的宇宙論，是完全屬於「此岸」的人生哲學。他對人的存在抱著樂觀的態度，他呼籲世人要用理性批判方式，建立起開放的社會──一個真正合乎人性、尊重人權的「此岸」，而莫嚮往「彼岸」的天國或烏托邦。這使得他很自然地認同於改善世界最有力的事物──科學。事實上，他的人生論正是受到科學所揭示的宇宙真相激勵下的產物。

　　在這一章中，我所討論的內容是波普的實在觀，它可說正是本篇所考察的主題──波普的唯實哲學之核心所在。波普以他的修正本質論，保留了對傳統哲學問題探討的旨趣。由於他受到唯名論、經驗論傳統的影響，使他疏於深究本質問題或存有問題。但他以臆測的形上學實在論，卻又巧妙地觸動了存有的玄機。波普強調，人是主動地去詮釋實在，所以在面對自然與人文的萬有之際，採取的詮釋方法不應有異；他主張人是用

試誤法去瞭解與詮釋宇宙和人生的。宇宙和人生
的根源同樣不可解，但是它們的實在眞相和意
義，卻足以在合情合理的情況下參透。對波普而
言，情必須服膺於理，而宇宙的實在則包容了人
生在內。

結　語

　　本篇所關注的主題是波普的唯實哲學，也就是他探討宇宙與人生的「存在」哲學。在傳統哲學中，「存在」與「本質」構成一對「存有」因素，波普深諳此點（歷26-34），但他並未將之視為一對相連的概念加以討論。波普承認世界有其深度，他把世界這種深刻性看做是它的本質，並認為其中有層次之分。不過這倒不是波普看待本質的重點，他最獨特的堅持是：我們不能宣稱自己已經發現了事物的最終本質。面對波普幾近獨斷的堅持，我們可以追問：是我們的認知能力有其極限？還是世界「本質地」不能被澈底揭露？當然這樣地詰問，可能使整個探究情境陷入弔詭或無限後退。既然問題不容易「內在地」得以解決，那麼我們就不妨「外在地」嘗試說明波普有此堅持的理由；也就是對他的執著做一番心理分析。可以肯定的是，波普不會喜歡這種「知識社會學」的進路，但是他卻曾經對柏拉圖的寫作動機做過凌厲的剖析（開上109）。

　　我認為波普不接受「本質主義」的終極詮釋，跟他反對他所說「歷史決定論」的定論主張

的精神是一致的，那便是反對別人獨斷地宣稱，
自己已經把握住眞理的鑰匙或看見歷史的方向。
他的出身背景、他的一生經歷，使他嚮往開放宇
宙、開放心靈和開放社會，從而成爲捍衛言論自
由的鬥士。但另一方面，由於他的保守氣質、傳
統心態以及經驗傾向，使他幾乎跟所有的英美、
歐陸哲學風潮皆不相應。當他必須不時迎接來自
實證主義、語言分析、批判理論、歷史學派等等
論點的批判時，他就會變得相當固執己見。

　　波普在跟別的學派論爭時，或對傳統觀點不
滿時，常把自己同對方的見解歸結成各種「主義」
（答1115-6）。問題就在於他的「主義化」多失之
過簡；他所自創的「本質主義」便是一例，「歷
史決定論」也是同樣。波普其實不厭惡本質，也
不忽視歷史。爲了保留本質，他乃對之作了一番
修正，甚至還說：

　　倘若「修正本質論」是一種實在論的同義
　　語，那麼我不反對被人稱爲它的擁護者。
　　（答1116）

為了凸顯歷史，他肯定傳統，並進行再詮釋（臆
148-9），然後宣稱：

> 為了取代對歷史的隱藏意義之追尋，我們
> 可以把賦與歷史以意義，當做我們的工
> 作。（論1968b：283）

可是當有人對本質或歷史提出與波普意見相左的
觀點時，他的作法就是把異議主義化、系統化，
再予以破解。不過這麼一來，卻常使他的努力偏
離原始問題的核心。換言之，波普有把別人的問
題理想化的傾向，結果卻可能是無的放矢。

「本質主義」的提出，可說是波普對傳統哲
學再詮釋的典型產物，他雖然堅稱自己的實在論
是現代產物，但是他並不像二十世紀的各種實在
論一心去對抗觀念論，反而像傳統唯名論一般反
對傳統實在論；後者正是他所稱的「本質主義」
（歷 27）。基於以上種種理由，我乃設想自己所處
理的，正是波普對宇宙與人生的「存在」的考
察，亦即波普的唯實哲學。

後記
──重逢波普

　　闊別了十七年之後，我終於從論文舊稿的整理中，重逢了我最重要的哲學精神導師——卡爾·波普。我在碩士班和博士班認真鑽研波普哲學，總共有六年之久；但是和他的思想邂逅，至今已近三十二年。在字裏行間重逢波普，仍有一種歷久彌新之感。一九七三年秋季，剛滿二十歲的我考入輔仁大學哲學系，成為第十一屆本科生。當時有一位講師王弘五先生，很熱心地來指導我們念理則學。王老師是第一屆的學長，拿到碩士學位後留校任教，他那清晰的邏輯理路，以及對於哲學分析的絲絲入扣，給我們這群年輕的「愛智」之徒留下深刻印象。正是在他那兒，我頭一次聽到波普的大名。記得當年王老師對引介波普思想充滿熱情，後來更進入博士班專攻波普思想，帶給像我這樣後生晚輩很大的激勵作用。

　　老實說，我報考哲學系是受到當時流行的存在主義思潮影響的結果。由於我在高中階段對人生的「存在抉擇」出現極大困擾，因此足足比別人多花了兩年時間，才折騰進入大學。選擇讀哲學的目的是希望釐清自己的顛倒夢想，沒想到大

學生活的海闊天空、無憂無慮，竟然奇妙地化解
了我的一部分存在焦慮，讓我的心智有機會騰出
空間，多吸納一些「客觀知識」。我是抱持「追
尋人生意義與價值」的心態踏入哲學領域，結果
卻闖進「探索生命現象與奧祕」的科學園地，從
此展開一系列知識大旅行，而波普也就因緣際會
地成為我在哲學道路上的指引者。或許是我的思
路天生傾向完美主義的「潔癖」，使我不適應真
正哲學的繁瑣思辨路數，轉而嚮往科學真理；但
是我那懶得動手做的毛病，卻又凸顯出我不適合
從事實事求是的真正科學工作。結果我便步上科
學哲學的道路。

　　我對科學確實是有幾分興趣的，尤其是生物
學和心理學；大學期間我選擇生物系為輔系，並
且到心理系修了一大堆課。由於年輕時具有強烈
的「唯物」思想傾向，我一度認為心理學應該
「化約」至生物學之中；當年我念得最起勁的一
門課乃是「生理心理學」，它又稱作「心理生物
學」。後來因為想進一步學習將生物學「化約」
至化學的知識，而去選修有機化學，在實驗室中

作得昏天黑地，才讓我認清自己不是當科學家的
料子。只是涉獵科學多年後，一旦放棄不免可
惜，我就順勢搞起科學哲學來了。一開始我接觸
的只是「科學的哲學」，像萊興巴哈、莫諾和波
普後期思想等；直到進入博士班，才算正式步上
「科學哲學」研究途徑。至於涉足「新科學哲學」
甚至「後科學哲學」，則是擔任教職這十餘年間
的事情。

　　為什麼要談論我自己的故事？因為我想讓讀
者瞭解，在此介紹波普思想其來有自。我希望從
頭說起，也算是為這本書寫下一段不一樣的結
尾。事實上，這本書的主體乃是我的博士學位論
文一部分；它們大致仍以原來的面貌呈現，只是
經歷十七年之後再拿出來正式出版，不免有些話
想補充。當初波普在經歷二十五年後，把他自己
的代表作《科學發現的邏輯》由德文翻譯成英文
出版，以「後記」形式補充說明其間的心路歷
程，竟然足足構成三部書的份量，而這些「後記」
也的確在一九八〇年代陸續問世。我沒有本領在
相同主題下再寫一本書，但是願意藉著「後記」

而非「結論」的形式，為本書劃下句點。至於選
擇說故事而非推理論證來舖陳，則是受到中國哲
學以及後現代思潮的影響。

　　我很慚愧自己過去在中國哲學上沒有下過紮
實的工夫，以致於至今只能拾人牙慧說些話頭聊
備一格。至於我所受的西洋傳統哲學訓練，也只
算是為學工具而已。近年我真正在從事的，乃是
發展一套「從人生看宇宙」的「華人應用哲學」
思想路數，做為改善人生實踐的知識基礎。如今
我的學問道路雖然偏離波普思想甚遠，但我始終
認為在心靈上、在精神上仍與之相契。順著本書
的出版，讓我有機會反思這種相契的意義；也藉
此因緣，對自己的學問生涯作一番回顧與前瞻。
雖然波普十分強調「沒有認知主體的知識」，但
是我發現他在有生之年，仍不斷為自己的思想辯
護，甚至因此建構起一座巨大的知識體系，使他
的形象直追他所批判的黑格爾；後者一度被視為
歷史上最後一位大體系哲學家。

　　我經常自我調侃本身無能也不願成為真正的
「哲學家」，甚至連有成就的「哲學工作者」也稱

不上：我只安於做個邊緣性的「哲學從業員」，在主流的、專門的哲學殿堂之外，努力向非專研哲學的學生推廣「愛好智慧」的道理。過去十年間，這種生涯方向因為我所介入的生死學教學和生命教育活動而有所發揮，我也樂得信手拈來、順水推舟。尤其是近年後現代思潮瀰漫於學術教育界，也讓我大開眼界。像許多學術研究論文，竟然是用「說故事」的所謂「敘說」或「敘事」形式表達，不免令我覺得落伍。直到最近開始教碩士生質性方法的課，才慢慢強化我在這方面的體認。波普以方法學起家，他對方法學和心理學的混淆相當不以為然，如今流行的方法學，居然大幅為心理狀態的呈現，簡直與波普的理想背道而馳。

　　但是我認為危機正是轉機，相信波普也會認真考量這種「哲學生命故事」的辯證發展。波普思想用於科學知識的增長為「臆測駁斥法」，用於生命學問的擴充則為「理性批判法」；他的理性扣緊哲學思維，臆測卻顯得出神入化，但皆不脫對宇宙時空的考察，包括文化的「世界三」。

正是這種看重文化世界的擇善固執，使我回到自
身所處時空脈絡的民族文化氛圍中，開始反思過
去長期涉獵西方科學哲學的意義與價值。我的碩
士學位論文《自我與頭腦——卡爾波柏心物問題
初探》（1979）、博士學位論文《宇宙與人生——
巴柏的存在哲學》（1988），都是走在追隨波普理
性主義的道路上；而教授升等論文《護理學哲學
——一項科學學與女性學的科際研究》（1996），
則受惠於女性主義思想。如今行過半百，開始建
構「華人應用哲學」，其實正是站在過去學問的
基礎上而作的努力。

　　波普即是波柏或巴柏，海峽兩岸不同時代、
不同地區的不同譯名，反映出這位長壽哲學家對
華人社會的影響歷久不衰。幾乎跨越整個二十世
紀的波普，是頗具代表性的當代哲學家。其思想
雖然重於「現代性」而遠離「後現代性」，但是
後現代既歷時又共時，身處後現代思潮中的波普
哲學，在我看來非但不算過時，反而具有振聾啟
瞶的效果。像後現代哲學家富勒即指出，一般印
象中的波普屬於右傾保守勢力的精神支柱，而孔

恩則爲左傾思想革命的健將，但事實上似乎正好相反。波普終其一生大聲疾呼反對集權主義，與孔恩在越戰期間面對美國軍事—經濟複合體蔓延時卻選擇不發聲，使得富勒有理由質疑孔恩有可能是美國的海德格（Martin Heidegger, 1889-1976）；後者曾經在納粹執政期間出任大學校長並且擁護希特勒（Fuller, 2003）。

　　縱觀波普一生的言行，他帶給我的感受即是「擇善固執」：認爲對的道理便堅持到底。乍看之下，這似乎與他自己提倡的否證法或證僞法頗不相應；但是哲學畢竟不是科學，科學可以證僞，哲學只能討論，尤其是理性批判式的討論。波普花了一生精力去跟別人討論甚至爭議，有時不免顯得無的放矢，但終究成就一家之言。大凡討論二十世紀科學技術和政治社會發展背後理念的問題，都無法繞過波普的思想，他在人類文明中的影響由此可見。而波普讓我得到最大的啓發與收穫，則是哲學的全方位關注。西方哲學一度無所不包，後來則所見日小，甚至走向咬文嚼字。我選擇念哲學正是因爲它那「大處著眼」的

特性，而波普哲學也的確滿足我年輕時廣泛但不深入的好奇心。

我對世事的好奇以及對哲學的思索，大約是從十五歲上高中前後時開始的。那年頭大陸上在鬧「文化大革命」，我卻沉緬於「牯嶺街少年」的苦悶之中難以自拔。牯嶺街是臺北市一條曾經以賣舊書聞名的街道，當年我幾乎天天在下課後到那兒去發掘我的精神食糧，尤其是文學和哲學著作，以印證自己的「存在」。今年初我走在江西廬山一處名為「牯嶺」小鎮積雪的街道上，猛然回想起將近四十年前一個慘綠少年的身影，竟然有種恍如隔世之感。「牯嶺街」即是以「牯嶺」為名，牯嶺所屬的行政區為江西省九江市，這正是我身分證上「籍貫」所在，卻也是經過半個世紀才踏上的「故鄉」。人是無逃於天地之間的，天地形成一個人生存的時空脈絡和文化氛圍。我在西方哲學中穿梭獨行三十餘年，受到波普思想的指引不致迷途，到如今是該走出自己的路了。

我目前走的哲學道路乃是「華人應用哲學」途徑，這是一種屬於華人社會的「解決問題導向」

的本土化局部知識。我所關注的問題主要集中在
兩方面：教育問題、管理問題，它們都屬於更基
本的人生問題的一些面向。我對人生問題的探索
是受到存在主義思潮的啟發，卻始終覺得濃得化
不開，直到開始爬梳波普思想後，始產生海闊天
空之感。存在主義作家卡繆（Albert Camus,
1913-1960）曾經寫道：「只有一個哲學問題是真
正嚴肅的，那就是自殺。判斷人生是否值得活下
去，就等於答覆了哲學的根本問題。」而波普卻
指出：「我相信至少有一個哲學問題是所有從事
思考的人感到興趣的，那就是宇宙學；瞭解世界
的問題：包括我們自己，以及做為世界一部分的
人類知識。」我相信這是很踏實的態度。

　　波普是個反「本質」重「存在」的哲學家，
當存在主義哲學家沙特（Jean-Paul Sartre, 1905-
1980）拈出「存在先於本質」的命題時，波普也
不約而同地有所表示：「所有的人都是哲學家，
因為每個人對生與死都各自持有某種態度。」我
做為一名哲學教師，所抱持的基本態度是「從人
生看宇宙」，用以培養「後科學、非宗教、安生

死」的「知識分子生活家」。在過去兩年中，我根據自己體悟的理念，已寫成《教育學是什麼》、《教育哲學》、《生命教育概論》三本書，在其中我特別提及波普對我的心智啓蒙，以及女性主義所帶來的意識覺醒。長期以來，我一直生活在哲學思辨當中，今後我希望自「生死教育」和「生死管理」兩方面通向人生實踐。值此《波普》一書正式問世前夕，我謹以自己受惠於波普的生命故事，說與讀者分享，但願大家也都能夠受用。

參考文獻

一、波普論著

1.著述

Popper, K. R. (1961). **The poverty of historicism** (2nd ed.). London: Routledge & Kegan Paul. 《歷史決定論的貧困》【簡稱「歷」】

———(1966). **The open society and its enemies (Vol. I-II)** (5th ed.). London: Routledge & Kegan Paul. 《開放社會及其敵人（上下冊）》【簡稱「開上」、「開下」】

———(1968). **The logic of scientific discovery** (2nd ed.). London: Hutchinson. 《科學發現的邏輯》【簡稱「科」】

———(1969). **Conjectures and refutations: The growth of scientific knowledge** (3rd ed.). London: Routledge & Kegan Paul. 《臆測與駁斥——科學知識的成長》【簡稱「臆」】

———(1974). *Replies to my critics*. In P. A. Schilpp (Ed.), **The philosophy of Karl Popper** (pp. 961-1197). La

Salle, Illinois: Open Court. 〈答客問〉【簡稱「答」】

―――― (1976). **Unended quest: An intellectual autobiography**. La Salle, Illinois: Open Court. 《無盡的探究――知性自傳》【簡稱「傳」】

―――― (1979). **Objective knowledge: An evolutionary approach** (2nd ed.). Oxford: Clarendon. 《客觀知識――演化的進路》【簡稱「客」】

――――(1982a). **The open universe: An argument for indeterminism**. Totowa, New Jersey: Rowman & Littlefield. 《開放宇宙――非決定論論證》【簡稱「宇」】

――――(1982b). **Quantum theory and the schism in physics**. Totowa, New Jersey: Rowman & Littlefield. 《量子理論與物理學分化》【簡稱「量」】

―――― (1983). **Realism and the aim of science**. Totowa, New Jersey: Rowman & Littlefield. 《實在論與科學目的》【簡稱「實」】

Popper, K. R., & Eccles, J. C. (1977). **The self and its brain: An argument for interactionism**. New York: Springer-Verlag. 《自我及其頭腦――互動論論證》【簡稱「自」】

2.論文【簡稱「論」】

Popper, K. R. (1957a). *The propensity interpretation of the caculus of probability, and the quantum theory.* In S. Korner (Ed.), **Observation and interpretation** (pp. 65-70). London: Butterworth.

———(1957b). *Probability magic or knowledge out of ignorance.* **Dialectica, 11**(3/4), 354-372.

———(1959). *The propensity interpretation of probability.* **British Journal of Philosophy of Science, 10**(37), 25-42.

———(1968a). *Remarks on the problems of demarcation and of rationality.* In I. Lakatos et al. (Eds.), **Problems in the philosophy of science** (pp. 88-102). Amsterdam: North Holland.

———(1968b). *Emancipation through knowledge.* In A. J. Ayer (Ed.), **The humanist outlook** (pp. 281-296). London: Pemberton.

———(1975). *The rationality of scientific revolutions.* In R. Harré(Ed.), **Problems of scientific revolution** (pp. 72-101). Oxford: Clarendon.

————(1977a). *The logic of the social sciences.* In G. Adey (Ed.), **The positivist dispute in German sociology** (pp. 87-104). London: Heinemann.

————(1977b). *Reason or revolution?* In G. Adey (Ed.), **The positivist dispute in German sociology** (pp. 288-300). London: Heinemann.

————(1977c). *Normal science and its dangers.* In I. Lakatos et al. (Eds.), **Criticism and the growth of knowledge** (pp. 51-58). Cambridge: Cambridge University Press.

————(1985a). Realism in quantum mechanics and a new version of the EPR experiment. In G. Tarozzi, et al. (Eds.), **Open questions in quentum physics** (pp. 3-25). Dordrecht, Holland: Reidel.

————(1985b). Evolutionary epistemology. In G. Tarozzi, et al. (Eds.), **Open questions in quentum physics** (pp. 395-413). Dordrecht, Holland: Reidel.

————(1986). How I see philosophy. In S. G. Shanker (Ed.), **Philosophy in British today** (pp. 198-212). Albany: State University of New York Press.

3.訪問【簡稱「訪」】

Popper, K. R. (1971a). *Conversation with Karl Popper*. In B. Magee (Ed.), **Modern British philosophy** (pp. 66-82). New York: St. Martin.

――(1971b). *Discussion among Karl Popper, Peter Strawson and Geoffrey Warnock: The philosophy of Russell: II*. In B. Magee (Ed.), **Modern British philosophy** (pp. 131-149). New York: St. Martin.

――(1972). *Reason and the open society*. **Encounter**, **38**(5), 13-18.

二、其他文獻

Barnes, B., & Edge, D. (1982). **Science in context: Reading in the sociology of science**. Cambridge, Massachusetts: The MIT Press.

Brante, T., Fuller, S., & Lynch, W. (Eds.). (1993). **Controversial science: From content to contention**. Albany: State University of New York Press.

Cohen, I. B. (1979). *History and the philosopher of science.* In F. Suppe (Ed.), **The structure of scientific theories** (2nd ed.)(pp. 308-349). Urbana: University of Illinois Press.

————(1994). *An analysis of interactions between the natural sciences and the social sciences.* In I. B. Cohen (Ed.), **The natural sciences and the social sciences: Some critical and historical perspectives** (pp.1-99). Dordrecht: Kluwer.

Einstein, A., & Infeld, L. (1966). **The evolution of physics**. New York: Simon & Schuster.

Feyerabend, P. (1993). **Farewell to reason**. London: Verso.

Fuller, S. (1989). **Philosophy of science and its discontents**. Boulder, Colorado: Westview.

————(1992). *Social epistemology and the research agenda of science studies.* In A. Pickering (Ed.), **Science as practice and culture** (pp. 390-428). Chicago: The University of Chicago Press.

————(1993). **Philosophy, rhetoric, and the end of knowledge: The coming of science and technology studies**. Madison: The University of Wisconsin Press.

————(2003). **Kuhn vs. Popper**. Cambridge: Icon.

Habermas, J. (1988). **On the logic of the social sciences**. Cambridge: Polity.

————(1990). **Moral consciousness and communicative action**. Cambridge: Polity.

Heisenberg, W. (1962). **Physics and philosophy**. New York: Harper & Row.

Kuhn, T. S. (1970). **The structure of scientific revolutions** (2nd ed.). Chicago: The University of Chicago Press.

————(1977). **The essential tension: Selected studies in scientific tradition and change**. Chicago: The University of Chicago Press.

Losee, J. (1987a). **Philosophy of science and historical enquiry**. Oxford: Oxford University Press.

———— (1987b). **A historical introduction to the philosophy of science** (2nd ed.). Oxford: Oxford University Press.

Lynch, M. (1993). **Scientific practice and ordinary action: Ethnomethodology and social studies of science**. Cambridge: Cambridge University Press.

Nickles, T. (1989). *Integrating the science studies*

disciplines. In S. Fuller, M. De Mey, & T. Shinn (Eds.),
**The cognitive turn: Sociological and psychological
perspectives on science** (pp. 225-256). Dordrecht:
Kluwer.

Oldroyd, D. (1986). **The arch of knowledge: An
introductory study of the history of the philosophy
and methodology of science**. New York: Methuen.

Ormiston, G. L., & Sassower, R. (1989). **Narrative
experiments: The discursive authority of science and
technology**. Minneapolis: University of Minnesota
Press.

Peters, F. E. (1967). **Greek philosophical terms: A
historical lexicon**. New York: New York University
Press.

Radnitzky, G. (1973). **Contemporary schools of
metascience** (3rd ed.). Chicago: Henry Regnery.

Ricoeur, P. (1992). **Hermeneutics and the human sciences:
Essays on language, action and interpretation**.
Cambridge: Cambridge University Press.

Rouse, J. (1987). **Knowledge and power: Toward a
political philosophy of science**. Ithaca: Cornell

University Press.

Schmaus, W. (1991). *Book review*. **Philosophy of the Social Sciences, 21**(1), 121-125.

Shadish, W. R., Jr., Houts, A. C., Gholson, B., & Neimeyer, R. A. (1989). *The psychology of science: An introduction.* In B. Gholson, W. R. Shadish, Jr., R. A. Neimeyer, & A. C. Houts (Eds.), **Psychology of science: Contributions to metascience** (pp. 1-16). Cambridge: Cambridge University Press.

Smith, R. (1985). *Geisteswissenschaften and naturwissenschaften.* In W. F. Bynum, E. J. Browne, & R. Porter (Eds.), **Dictionary of the history of science** (pp. 161-162). Princeton: Princeton University Press.

Suppe, F. (1979). *The search for philosophic understanding of scientific theories.* In F. Suppe (Ed.), **The structure of scientific theories** (2nd ed.)(pp. 1-241). Urbana: University of Illinois Press.

Webster, A. (1991). **Science, technology and society: New directions**. London: Macmillan.

唐君毅（1975）。**宇宙與人生**。臺北：學生。

波普論著中譯

查汝強等（1934／1986）。**科學發現的邏輯**。北京：科學。

陸　衡等（1945／1999）。**開放社會及其敵人**（第一、二卷）。北京：中國社會科學。

杜汝楫等（1957／1987）。**歷史決定論的貧困**。北京：華夏。

傅季重等（1963／2003）。**猜想與反駁——科學知識的增長**。杭州：中國美術學院。

舒煒光等（1972／2003）。**客觀的知識——一個進化論的研究**。杭州：中國美術學院。

邱仁宗（1976／2000）。**無盡的探究——卡爾·波普爾自傳**。南京：江蘇人民。

李本正（1982／1999）。**開放的宇宙**。杭州：中國美術學院。

范景中等（1992／1996）。**通過知識獲得解放**。杭州：中國美術學院。

王凌霄（1992／2004）。二十世紀的教訓：波普爾訪談演講錄。桂林：廣西師範大學。

李本正等（1993／2001）。**走向進化的知識論**。杭州：中國美術學院。

國家圖書館出版品預行編目資料

波普＝Karl Raimund Popper /鈕則誠著.
 -- 初版.-- 臺北市：生智, 2006[民 95]
   面；　公分.-- （當代大師系列；34）
   參考書目：面
   ISBN 957-818-769-6（平裝）

 1. 波普(Popper, Karl Raimund, Sir,
   1902-1994) - 學術思想 - 哲學

   144.79   94025720

波　普　　　　　　　　當代大師系列 34

著　　者／鈕則誠
編輯委員／李英明・孟　樊・陳學明・龍協濤・
　　　　　楊大春・曹順慶
出　　版／生智文化事業有限公司
發 行 人／林新倫
執行編輯／黃美雯
登 記 證／局版北市業字第 677 號
地　　址／台北市新生南路三段 88 號 5 樓之 6
電　　話／(02)2366-0309
傳　　真／(02)2366-0310
E-mail／service@ycrc.com.tw
網址／http：//www.ycrc.com.tw
郵撥帳號／14534976 揚智文化事業股份有限公司
印　　刷／科樂印刷事業股份有限公司
法律顧問／北辰著作權事務所　蕭雄淋律師
初版一刷／2006 年 1 月
定　　價／新台幣：200 元
ISBN／957-818-769-6

總 經 銷／揚智文化事業股份有限公司
地　　址／台北市新生南路三段 88 號 5 樓之 6
電　　話／(02)2366-0309
傳　　真／(02)2366-0310